Nicole Ndongala

testimonios

Nicole Ndongala

De inmigrante a mediadora
internacional

José Carlos Rodríguez Soto

editorial
MUNDO
NEGRO

JOSÉ CARLOS RODRÍGUEZ SOTO (Madrid, 1959) es licenciado en Ciencias de la Información y Bachiller en Teología. Desde 1984 ha vivido y trabajado en África, primero como misionero en Uganda y más tarde como trabajador humanitario en la República Democrática del Congo, Gabón y la República Centroafricana. Es autor de siete libros y de numerosos artículos con los que ha dado a conocer distintas realidades del continente africano.

1.ª edición: abril 2024
1.ª reimpresión: octubre 2024

© Editorial Mundo Negro, 2024
   C/ Arturo Soria, 101. 28043 Madrid
   Tel.: 91 415 24 12
   E-mail: edimune@combonianos.com
   www.edimune.com

© José Carlos Rodríguez Soto, 2024

Corrección de estilo y ortotipográfica: *Javier Fariñas Martín*
Diseño y maquetación: *José Luis Silván*

ISBN: 978-84-7295-289-8
Depósito legal: M-9799-2024
Imprime: Monterreina
Impreso en España - Printed in Spain

Índice

Prólogo

L a inmigración es uno de los fenómenos que más convulsionan las sociedades y nuestros pueblos en Europa, EE.UU., América Latina, África o Asia. En todos ellos está presente como emigración y como inmigración, como países emisores y como países de acogida. Nunca las personas migrantes han sido objeto de tanto interés ni preocupación como en la actualidad. Son personas que se han visto obligadas a tomar esta opción. Y esta es una realidad de la que queremos conocer sus causas. ¿Por qué el fenómeno de la migración? ¿Quiénes son esas personas que tienen que tomar la decisión de abandonar sus casas, a sus familias, sus culturas y arriesgarse a buscar un país que no conocen y donde no saben si van a ser acogidas o no? ¿Quiénes son esas personas que desconocen cómo va ser la adaptación e integración en esta realidad configurada por nuevas sociedades multiétnicas, multiculturales y multirreligiosas?

Quienes mejor nos dan a conocer esta realidad son los propios inmigrantes. Por ello, conocer sus decisiones es lo que mejor nos revela la realidad migratoria en su conjunto, a la vez que nos permite detectar la situación de sus países de origen y nos muestra la capacidad de acogida de los países receptores. Son ellos quienes nos llevarán a comprender la situación de cada persona, la causa que la motiva, el proceso de su desplazamiento o huida, la llegada a un posible lugar de destino con su consiguiente acogida, rechazo y/o devolución. Y que si esta última se produce, puede llevarle a la muerte.

El testimonio de vida que recoge este libro, *Nicole Ndongala. De inmigrante a mediadora internacional*, nos define un modelo de inmigración de éxito, que lleva a su protagonista a una integración muy positiva en el país de acogida y a una aceptación no muy frecuente e interesante por parte de diversos ámbitos de la sociedad y de diferentes estamentos administrativos o culturales, especialmente por la colaboración que establece con las oficinas de acogida a inmigrantes y refugiados. Destacan en este trayecto vital aspectos como la colaboración con los propios inmigrantes, tanto por los servicios que presta en el centro de acogida como por su actitud como compañera, convirtiéndose en punto de referencia y fuente de amistad y confianza: los niños y sus madres la conocen como Tía Nicole.

Antes, en los puestos de tramitación para pedir asilo, rechazaron su solicitud por mentir –según ellos– al haber declarado una nacionalidad falsa. Ahora, desde muchas asociaciones la consultan sobre las preguntas que deben formular a las personas que llegan con dudas para saber su nacionalidad de procedencia –en ocasiones, por miedo, suelen repetir la misma que dicen muchos de sus compañeros de viaje–. Durante una temporada, se convirtió en consultora de muchas asociaciones, traductora e intérprete de la Oficina de Asilo. Nicole ha asumido esta última tarea en casos de cierta relevancia e interés nacional.

Requerida con frecuencia en el aeropuerto para facilitar trámites en la acogida a solicitantes de asilo, también piden desde allí la ayuda de Nicole por su triple faceta de intérprete, mediadora y traductora. Estas y otras tareas le han valido una distinción por parte de la Policía Nacional por su excelente colaboración. No hay que pasar por alto aquí el pánico que sufrió cuando se tuvo que acercar a la Oficina de Asilo por primera vez para solicitar para ella misma la protección de esta figura jurídica. Delante de aquel edificio recordó las situaciones vividas en su país, República Democrática de Congo, y la llegada a Europa, a Bruselas, donde vio por televisión el trato que agentes de Policía daban a una africana. Hoy Nicole tiene muy buenos amigos y amigas tanto en la Policía como en la Guardia Civil.

Este libro nos habla también de una persona que no puede seguir viviendo en su país, donde se han instalado la guerra y la violencia, que corre el riesgo de perder la vida, de sufrir malos tratos como ciudadana y como estudiante, y, a veces, de ser confundida con lo que no es.

El lector de esta historia de vida podrá recorrer lo sucedido en esos años, con la caída de Mobutu y la lucha de la guerrilla –al frente de la que se encontraba Laurent Desiré Kabila– para acceder al poder. A ello se unen la corrupción generalizada, el desorden, la explotación de las minas de coltán, el trabajo infantil, los robos, los saqueos y los abusos de toda índole que sufren las mujeres, cuyas consecuencias también impactan en Nicole, como en el resto de chicas, mujeres y niñas congoleñas.

Ante esta situación, Nicole nos muestra cómo se toma la decisión de salir del país, con la aceptación de su familia, de su padre y de su madre. Con mucho dolor, pero asumiéndola como la única opción de salvar su vida, de huir del sufrimiento y de los malos tratos. En esos años, el terror forma parte de su existencia. Llevar una vida digna, tranquila y segura es imposible en su país. Así que toman una decisión: «Tienes que marcharte». Saben bien que es un riesgo, ya que la seguridad no existe en esas circunstancias y no hay plenas garantías de que la planificación para salir del país se cumpla. En cada momento habrá que tomar nuevas decisiones a medida que se produzcan cambios imprevistos.

Si hasta un cierto momento lo que le garantiza seguir es el miedo a que las cosas no se cumplan, de repente le invade una nueva sensación, la soledad. Desde este momento ya no están con ella su padre o su madre. Está sola. Y Nicole es consciente de ello. Tiene que decidir sola el primer paso a dar. No tiene otra opción. Es el momento de romper con muchas cosas, de abandonar el apoyo de sus seres queridos –en concreto de su hermano, que vive en la capital belga– y de tomar la opción de un nuevo camino. Lo que ha visto por televisión en Bruselas –los malos tratos a una chica centroafricana–, le recuerdan lo vivido en su país. No puede soportarlo. Y toma la decisión de dirigirse a España.

Se asienta en nuestro país. De su llegada nos dice una sola frase: «Una estación de autobuses de cuyo nombre no quiero acordarme». Siente la influencia de su padre y de «una infancia sin error». Tal vez haya sido esta la actitud vital que la ha acompañado desde la salida de su país hasta el momento presente.

En estas páginas, Nicole nos ofrece la geografía de su país a través de sus ríos y de sus explotaciones minerales, pero también del sufrimiento del pueblo a causa de los abusos, de la violencia, de las diferentes guerras y de la pobreza de la población. Sus palabras nos muestran la riqueza de unas explotaciones que no tienen ningún impacto en el bienestar ni en la vida de los congoleños.

Pero este itinerario también se detiene en otro «paisaje»: su llegada a España y su soledad, en la que va decidiendo los pasos a dar. Se acerca a una iglesia cerrada. Una vez más se siente sola. Llega una persona y abre la puerta. Entonces recuerda lo que le decía su madre: «Dios nunca nos deja de su mano». Para Nicole se abre la puerta del templo, pero también se abre la puerta de la acogida. A partir de este día, siente que la soledad desaparece. Las decisiones que va a tomar van a ser acompañadas.

Creo que cierra este proceso en un viaje a Santiago de Compostela organizado por la Asociación Karibu. Allí, al encontrarse en aquella inmensa iglesia llena de gente, al poder cantar, como hacía con frecuencia en su parroquia en Kinshasa… Aquello le hace sentir una emoción profunda. Son recuerdos que se asemejan a lo que está viviendo en aquella peregrinación.

En todo este proceso personal se mezcla también lo legal. Un hecho importante para iniciar su proceso de integración fue haber recibido la documentación con la que regularizaba su situación en España. La obtuvo no sin haber pasado por muchos sinsabores.

Lo primero que piensa es que ya no es una «sin papeles».

La integración, la autosuficiencia y la independencia van a ser sus retos a conseguir. Está en el Hogar de Karibu, pero con los «papeles en regla» ya puede planificar su futuro. En Karibu ya había realizado un proceso de integración como voluntaria en el acompañamiento a otras mujeres, de las que tenía su aceptación y de las que se había ganado su confianza. Su actividad en la coral de la Asociación también ha sido extraordinaria. El grupo es hoy una referencia y, además de varias apariciones en televisión, participa en numerosos eventos, en celebraciones eclesiales y en diferentes acontecimientos. Nicole demuestra grandes aptitudes para dialogar, informar y aconsejar, además de mostrar un gran interés para formarse y para aprovechar todas las posibilidades que se le ofrecen.

Es así como desde la Asociación Karibu, al disponer de un local adecuado, de unos pequeños recursos obtenidos por la concesión del Premio Mundo Negro a la Fraternidad 2000 y de una persona con las cualidades y la formación de Nicole Ndongala, iniciamos el Nuevo Centro de Formación y Promoción de la Mujer, del que ella será la responsable. Esta iniciativa se ha convertido en un cauce para el éxito de muchas mujeres. Allí aprenden la lengua y se forman en otras actividades que les facilitan el acceso al mundo laboral como autónomas o empleadas en restaurantes, en hogares o cuidando enfermos. Algunas han sido contratadas en embajadas o en centros de la Administración. Otras han retornado a sus países de origen con la formación necesaria para emprender algún negocio. Aquí Nicole ha tenido un impacto espectacular tanto en la organización como en la influencia que ha ejercido para que las mujeres hicieran un esfuerzo y se formaran. De allí han salido mujeres emprendedoras que han montado sus propios negocios, y todo ello gracias al proceso de integración y a los conocimientos adquiridos. Nicole ha trasladado al centro y al hogar su recorrido vital, ha replicado allí el trayecto que ella misma ha realizado en su proyecto de vida y en su proceso de integración.

Esta actividad hace que Nicole sea una referencia para tratar los temas de mujeres con la Administración, con otras asociaciones y con diversos organismos. Invitada en muchos momentos a participar en mesas redondas y a dar conferencias, aprovecha cada oportunidad para defender la situación de los inmigrantes en general y muy especialmente de las mujeres y los niños. Se opone a palabras como «invasión», que evocan sentimientos de amenaza y miedo, palabras que están a un paso de la xenofobia, o que expresan el rechazo a quien aparece como diferente. Y aclara ideas preconcebidas o equivocadas. Por eso, por ejemplo, recuerda que los africanos se desplazan mayoritariamente a países limítrofes.

Como persona sensible, recuerda en este relato de vida la necesidad de elaborar protocolos pensados para las mujeres vulnerables. Y también para que a las personas migrantes se les facilite la oportunidad de enriquecer la sociedad de acogida.

En un encuentro organizado para favorecer a las mujeres africanas intervino el exministro Josep Piqué. Refiriéndose a Nicole dijo: «Aquí tenemos la prueba de que la integración de los inmigrantes es posible y positiva para nuestra sociedad. Yo conocía a la Asociación Karibu de mi época de ministro. Por eso no podía negarme a la invitación de Nicole para participar en este encuentro». En aquel momento, el exministro, que falleció poco después, ya no estaba bien de salud.

«Si tenemos en cuenta que hay voces que se alzan para señalarnos como delincuentes, invasores y portadores de amenazas, hay que agradecer que otras personas nos humanicen y reconozcan lo mucho de valor que hemos venido a aportar», dice Nicole.

El trayecto vital y profesional de esta congoleña de nacimiento avanza siempre vinculado a nuestra Asociación. Como una fruta madura, llega el momento en el que se le propone que asuma su dirección. «¿Directora de la Asociación Karibu? No podía imaginar ni esperar que me lo iban a proponer. ¡Directora de aquella asociación que un día me dio acogida y me proporcionó seguridad y protección!», decía.

Esta oferta es la consecuencia del proceso que ella misma construyó con su entrega, con su labor y con las responsabilidades que ha tenido como voluntaria, labores que nacían de un compromiso personal y de la aceptación de las mujeres y niñas migrantes. Ella misma se ha hecho acreedora de esta responsabilidad. Nadie como ella podrá desempeñar la dirección de la Asociación Karibu, Amigos del Pueblo Africano. Nadie le ha regalado nada. Ella misma ha construido su vida con generosidad, mostrando interés por las personas que estaban en su entorno, trabajando en favor de aquellos que hicieron su mismo camino y formándose desde el primer momento. Todo ello la ha llevado a trabajar de forma eficiente en la formación, integración e inserción laboral de las mujeres africanas en nuestro país. Y también a abrir nuevos caminos. La pandemia fue un reto que parecía imposible de superar, pero se transformó en una ocasión para dar respuestas a quienes tenían serias dificultades. La Casa Bibi ha sido la forma de afrontar la realidad en la que se encuentran las personas mayores migrantes. Los talleres de duelo migratorio también han nacido para cubrir las necesidades de curar el dolor y el sufrimiento de aquellos que llegan heridos a nuestro país por los efectos directos o indirectos del proceso migratorio.

El racismo ha crecido en acciones puntuales en nuestra sociedad. En la actualidad, está presente en mensajes agresivos y xenófobos que fomentan el odio al inmigrante y al africano en particular. La trata, la explotación sexual, la mutilación genital femenina, la violencia de género o los menores no reconocidos son realidades amenazantes para la población y foco de especial preocupación para Nicole. Todos estos retos son motivo de intervenciones y de actividades diversas en las que participa.

En la actualidad destaca por su entrega a la causa de los inmigrantes y de los afrodescendientes. Forma parte de la Junta de Casa África y, además de su entrega a la Asociación Karibu, dedica tiempo y energías a realidades muy cercanas a ella en su país. Tiene en República Democrática de Congo una ONG, Piedras Preciosas, para niñas de la calle a las que su madre acoge y ella protege.

También vive intensamente la realidad de la inmigración africana: «Estoy convencida de que los inmigrantes no somos meros receptores de ayuda y tenemos mucho que aportar a la sociedad española. No puedo olvidar que los valores espirituales son una parte muy importante de la riqueza que traemos con nosotros desde nuestros países de origen y que aportamos a nuestra sociedad de acogida».

Todo lo escrito en este libro parte de la realidad de la inmigración. Su lectura implica un mejor conocimiento de esta realidad y nos invita a dar si queremos recibir. Todo ello para construir un mundo en el que sepamos compartir y nos aceptemos.

P. Antonio Díaz de Freijo, O. de M.

Capítulo 1

UNA ESTACIÓN DE AUTOBUSES DE CUYO NOMBRE NO QUIERO ACORDARME

«¿Cómo vino? Como pudo. ¿De qué vivió? De lo que pudo. Conozco docenas de historias apenas distintas de emigrantes españoles en Alemania. Respetémonos».

FERNANDO ARAMBURU

«Todas las eras son atroces. Solo el amor las hace soportables».

MALCOLM MCDOWELL

No recuerdo el nombre de la estación de autobuses a la que llegué a Madrid tras un apresurado viaje que empezó en Bruselas el día anterior. Sí que me acuerdo muy bien de la fecha, porque quedó grabada a fuego en mi memoria para siempre: era el 28 de octubre de 1998. El autobús recaló en la dársena a primera hora de la mañana. Cuando bajé al andén, una bofetada de aire frío me golpeó en la cara. Yo, que había salido apenas tres días antes de Kinshasa, la capital de República Democrática de Congo, una ciudad ribereña envuelta todo el año en un calor húmedo que puede llegar a ser sofocante, no tenía ropa de abrigo. Acababa de poner el pie en un país en el que no conocía a nadie. No tenía ningún contacto ni ningún plan.

Ninguna dirección apuntada. Solo llegar. Nadie vino a buscarme a aquella estación. Perdida en una soledad infinita, a pesar de los cientos de personas que me rodeaban, no sabía a dónde ir, y cada minuto que pasaba me sentía peor. El frío, que me penetraba en los huesos, me recordaba, como si fuera un error imperdonable de falta de previsión, que ni siquiera llevaba conmigo prendas para afrontar las inclemencias del tiempo, pero el miedo –un mal o buen consejero, según las circunstancias– me había dejado pocas posibilidades de elegir. En mi país siempre hace calor, por lo que cuando empecé aquel viaje ni siquiera se me pasó por la cabeza meter una chaqueta o un jersey en el exiguo espacio de mi pequeña maleta, que había preparado a toda prisa. Desalentada, obedecí a mi cansancio y me dejé caer, agotada, en uno de los bancos del gran vestíbulo de la estación, sepultada por un bullicio que me aturdía, observando vagamente a mi alrededor y viendo pasar a gente que caminaba, casi siempre con aire apresurado, en todas las direcciones.

Había empezado este viaje mucho antes, impulsada por circunstancias nada felices. «Tienes que irte de Congo, si no, te van a matar», me había dicho mi padre con gesto grave unos meses antes, después de que me detuvieran varias veces. Siempre me había tomado muy en serio todo lo que el bueno de *baba*[1] Jerome me recomendaba. Vivíamos entonces en la capital, Kinshasa. Yo iba a clase a la universidad por las mañanas, y al salir, por la tarde, cogía dos minibuses y llegaba a casa cuando ya había anochecido. Pero cuando las

---

[1] *'Papá' en suajili.*

cosas empezaron a empeorar en el país, una noche no llegué y mi familia se temió lo peor. Aquella primera vez, tras una detención arbitraria, a mis compañeras y a mí nos soltaron al amanecer. Después hubo una segunda vez y una tercera... Las noches en los calabozos de la Policía, del Ejército –o de quienes quisieran que fueran aquellos monstruos vestidos de uniforme que me hacían la vida imposible– eran un infierno y prefiero no acordarme de ellas. Pero lo peor llegó una madrugada en la que los militares, que recorrían las casas de nuestro barrio saqueando y arramblando con todo lo que les venía en gana, asaltaron nuestro recinto después de que algunos de nuestros vecinos se hubieran refugiado en casa de *baba* Jerome. Los soldados los siguieron y entraron disparando como locos. Nos agredieron propinándonos patadas y fuertes golpes con las culatas de sus fusiles. Nos ataron a todos dejándonos casi sin respiración y, tras amenazarnos de muerte y robar todo lo que encontraron de valor, nos dejaron allí tirados sin podernos mover. Bien entrada la mañana, alguien oyó nuestros gritos y, tras saltar la tapia, nos socorrió. Aún no habíamos terminado de desatarnos cuando mi padre musitó que lo mejor que yo podía hacer era salir del país y marcharme muy lejos, a Bruselas, donde tenía un hermano que estudiaba y con el que podría vivir sin preocuparme por mi seguridad.

Mi padre siempre ha sido muy sistemático, y cuando era funcionario todo el mundo apreciaba su gran capacidad para organizar sus tareas cuidando hasta el más mínimo detalle sin que nada se le escapara. Cuando se puso a planificar mi viaje, lo calculó todo con una gran precisión y, aunque se esmeró en disimularlo todo lo que pudo, sé que también con una enorme pena que le devoraba el corazón. No tuvo más remedio que vender algunas de sus tierras para conseguir el billete de avión y que yo pudiera salir, pero lo que más le costó conseguir fue un pasaporte y un visado para mí. Ambos eran falsos. Cómo, si no hubiera sido así, podría yo haber tenido esos documentos en aquella época en Kinshasa. La embajada belga, que durante un buen período de tiempo permaneció cerrada, funcionaba bajo mínimos porque muchos de sus funcionarios se habían marchado del país. Su escaso personal consular se mostraba ajeno a las largas colas de desesperados congoleños que se agolpaban en la entrada buscando una vía de escape que parecía cerrada sin remedio.

Casi no comí ni dormí durante los frenéticos e inciertos días que precedieron a aquel viaje. Siempre había confiado ciegamente en mi padre, pero estaba convencida de que, a pesar de sus enormes esfuerzos, aquel plan era una locura y no podía salir adelante. Me persuadí a mí misma de que en algún momento de mi itinerario alguien descubriría que viajaba con documentación falsa y terminaría detenida en una comisaría. La cuestión era si había más posibilidades de que diera con mis huesos en una celda de Kinshasa o de Bruselas, disyuntiva ante la cual rezaba para que, si tenía que suceder —y estaba segura de que así sería—, por lo menos que fuera en suelo europeo, donde pensaba que, incluso en una celda policial, me tratarían mejor. Aterricé en el gran aeropuerto de Bruselas-Zaventem con mucho miedo en el cuerpo. No di crédito a mis ojos cuando el policía, tras unos segundos que se me hicieron eternos y durante los cuales no sabía hacia dónde mirar, me devolvió el pasaporte con el sello de entrada estampado en una de sus páginas y me dijo que siguiera adelante. Tal vez lo que me salvó fue la expresión –o mejor dicho, la falta de ella– que debió percibir en mi rostro mientras esperaba en la ventanilla de inmigración, seguramente fruto de muchos meses de obligada práctica cada vez que me paraban en un *checkpoint* en Kinshasa.

Pero cuando salí con mi maleta a la terminal me llevé otro chasco que no me había imaginado y para el que no estaba preparada. No había nadie esperándome. Mi hermano no estaba ese día en la capital belga. Se me había olvidado que estudiaba en otra ciudad y que solo venía a Bruselas los fines de semana. En la actualidad tenemos WhatsApp y redes sociales que nos facilitan la comunicación de forma instantánea, por lo que a veces se nos olvida que hace no muchos años algo aparentemente tan sencillo como informar de una llegada al final de un viaje para que alguien fuera a esperarte podía ser endiabladamente complicado. Yo había dejado un mensaje, no recuerdo por qué medio, de mi llegada a Bruselas ese domingo, pero fue una de las muchas cosas, en realidad demasiadas, que no salieron según lo previsto. Tuve que anticipar mi viaje y salir a toda prisa sin que me diera tiempo a tenerlo todo preparado y no dejar nada al azar.

Con mi maleta en la mano, busqué un medio de transporte que me llevara a la ciudad. Tomé un autobús y recalé en casa de unos amigos en la capital belga. No me esperaban, pero eso no fue obstáculo para que me recibieran lo mejor posible. Al día siguiente, al mediodía, cuando no habían pasado ni 24 horas de mi llegada, los informativos de televisión abrían con la noticia de una gran redada de la Policía belga para identificar y expulsar a inmigrantes ilegales. Las imágenes que presencié no hicieron sino aumentar el temor que ya crecía dentro de mí. El noticiario informaba de que, durante aquella operación, una mujer centroafricana que se resistió murió asfixiada por el uso excesivo de la fuerza por parte de algunos agentes. Me acuerdo muy bien de cómo me puse a llorar. Escapaba de la violencia policial en mi país y lo que menos podía imaginar era que una africana como yo muriera a manos de la Policía en un país al que mi padre me había mandado por considerarlo seguro para su hija.

Presencié aquellas imágenes en compañía de otros congoleños en un piso diminuto. En medio de aquella conmoción, una de las vecinas de mis compatriotas, que era española, exclamó: «¡Qué brutos son los policías aquí! En España también tenemos inmigrantes, pero allí no pasan estas cosas». Me pareció que hablaba con absoluta convicción y, sin pensármelo dos veces, seguramente movida por el carácter impulsivo de mis pocos años, corrí a sacarme un billete de autobús para Madrid sin pararme a pensar en nada más. No conocía a nadie en España y no tenía ni idea de a dónde iba a encaminar mis pasos una vez que hubiera puesto el pie en su territorio. Pero yo solo buscaba un lugar donde poder vivir sin temor a que me mataran y a que nadie me hiciera daño. Al día siguiente salí precipitadamente rumbo a Madrid, sin que me diera tiempo a esperar a mi hermano en Bruselas.

Una vez que llegué a la estación de destino, me vi envuelta en una nube de soledad infinita. Según pasaban los minutos, me vi sepultada por el bullicio, por los frecuentes anuncios de la megafonía de la estación y por el imparable runrún de la gente arrastrando maletas. Debieron de pasar varias horas antes de que, por fin, venciera mi timidez y me decidiera a preguntar a alguien si podía encontrar un sitio para dormir por allí cerca. No sabía ni una palabra de español y preguntaba en francés. Me encontré con caras marcadas por la sorpresa de quien no entiende nada y, tal vez, se pregunta de dónde ha salido esta mocosa y qué quiere. Además de mi edad, las últimas semanas sin apenas comer me habían dejado en los huesos. Muchos ni siquiera se molestaban en mirarme y aceleraban el paso, tal vez temiendo que me hubiera acercado a ellos para pedirles dinero. Otros recibían mi pregunta con desconcierto o temor. Alguno, incluso, esbozó una leve sonrisa y se encogió de hombros para expresar que lo sentía mucho, pero que no me entendía, que no podía echarme una mano o que no estaba dispuesto a perder unos minutos de su valioso tiempo en intentar entender qué necesitaba, mucho menos en mover un dedo para ayudarme.

Al final, se paró un hombre que chapurreaba algo de francés y me señaló hacia la salida. Con pocas palabras me indicó cómo llegar a un hotel cercano. Cogí mi pequeña maleta y me puse a andar por la calle en dirección a aquel lugar. Llegué a la recepción donde, tras bucear en el fondo de mi bolsillo, mostré todo el dinero que llevaba: algo menos de 300 dólares.

Desempolvo de mi memoria aquel momento y me cuesta continuar recordando, como si me quedara bloqueada. ¿Había tomado la decisión correcta de venir a España, donde no conocía a nadie y ni siquiera podía comunicarme al no conocer el idioma? Habían sido muchas emociones, mucho miedo e incertidumbre en muy poco tiempo, y no me había dado tiempo a asimilar todo aquello. Me pesaba no haber podido compartir con nadie más aquella enorme preocupación que me asfixiaba. Hubiera querido estar con mi hermano y contarle con tranquilidad todo lo que arrastraba desde hacía algo más de un año, pero no había sido posible. Estaba agotada y aquella primera noche dormí del tirón, arropada con todas las mantas que pude encontrar en la habitación. No sé cuántas horas pasaron, pero de sentir un agradable sopor, de estar bien tapada, pasé a sentirme, de repente, en la más absoluta soledad, mirando al vacío. Cada vez que me despertaba sobresaltada en medio de aquel duermevela seguía teniendo mucho frío y en lo que menos pensaba era en salir a la calle. De todos modos, ¿a dónde iba a ir? Pasé allí una segunda noche y caí en la cuenta, horrorizada, de que el poco dinero que llevaba estaba a punto de acabarse, por lo que expliqué al recepcionista mi situación. Yo me había formado una imagen de la vida en Europa, y pensé que aquel sería un hombre de buen corazón que me entendería y, por lo menos, me dejaría dormir otra noche, o tal vez dos, en el hotel. Pero no me dejó terminar. Su respuesta, en un francés muy poco correcto, pero suficientemente claro, fue tajante: «Si no va a pagar por otra noche, tiene que abandonar el hotel antes de las 12». Era inútil insistir. Definitivamente, había cometido un error grave al venir a un lugar desconocido donde no tenía parientes ni amigos que pudieran ayudarme, pero ya era demasiado tarde para volverme atrás. En las horas que siguieron solo pude llorar y llorar. Creo que nunca en mi vida, ni antes ni después, han salido tantas lágrimas de mis ojos como aquel día. Estaba completamente sola, sin nadie a mi lado que me escuchara ni apoyara.

Cuando estaba en Congo y pasaba por momentos difíciles, mi madre, Marie, mi ángel protector, aparecía siempre para decirme: «Tranquila, hija», pero en aquel momento ella no estaba allí. Ni ella ni nadie. No sabía qué hacer, pero, aunque sufría por su ausencia, recordaba las frases que me había repetido tantas veces: «La fe mueve montañas, hija mía», «Cuando todo está muy oscuro, al final siempre sale el sol»... Era como si se hiciera presente en aquella habitación para consolarme.

No sé cómo se me ocurrió, pero bajé de nuevo a la recepción y pregunté si había alguna iglesia cerca del hotel. El recepcionista cogió una hoja de papel y esbozó un croquis para indicarme cómo llegar. Salí a la calle y empecé a andar, intentando seguir el mapa que me indicaba el camino hacia la parroquia. No pude evitar un sentimiento de miedo. ¿Y si me perdía y después no sabía volver? Por fin llegué y busqué una puerta. Estaba cerrada a cal y canto. ¿Una iglesia cerrada? Desde que era niña, me acostumbré a acudir a templos católicos en mi país, que siempre tenían sus puertas abiertas. En vano busqué un cartel que indicara un horario para saber cuándo abriría.

Aunque pensé en regresar al hotel, opté por quedarme allí a esperar en la calle, a pesar del frío. Pasaron varias horas, o por lo menos eso me pareció a mí, hasta que finalmente llegó una mujer mayor que sacó una llave y abrió la puerta. Entré detrás de ella y vi que había venido para limpiar el templo. No había nadie más. Me acerqué a ella y empecé a hablarle en francés. Me indicó, por señas, que no me entendía, pero yo seguí hablando, convencida de que Dios estaría también diciendo a aquella mujer que me ayudara. Me indicó que esperara. Dejó los útiles de limpieza en un cuartito y me hizo señas para que la siguiera. A pesar de la barrera del idioma, me pareció entender que me decía que conocía un sitio donde ayudaban a gente como yo. Salimos a la calle y cerró la puerta con llave. Caminé a su lado y entramos en el metro.

Han pasado ya 25 años y sigo sin estar segura de a qué estación de autobuses llegué aquel día. En algunas ocasiones, he mirado detenidamente el plano de Madrid para buscar los distintos intercambiadores donde recalan los autobuses que vienen de fuera de España: Chamartín, Moncloa, Avenida de América, Méndez Álvaro... Los he recorrido durante horas, como si se tratara de una peregrinación o de una búsqueda de mis primeros recuerdos, tristes, pero recuerdos que me permiten comprender el inicio de mi nueva vida en España. Creo que debió de ser el de Méndez Álvaro, aunque tampoco estoy totalmente segura. He hecho este recorrido varias veces y tal vez debería aprovechar otro día libre para volver a hacerlo y salir de dudas. A veces me pregunto por qué le doy tanta importancia a recordar el lugar al que llegué, si aquel día fue uno de los más deprimentes de mi vida. Quizás porque fue uno de los momentos en los que entendí mejor lo que mi madre me había transmitido siempre: al final Dios siempre nos abre una puerta en el momento más inesperado.

Salimos en la estación de metro de Cuatro Caminos y caminamos durante varios minutos por una avenida bastante ancha y muy frecuentada. Nos paramos delante de una puerta. Me fijé en el letrero de la entrara: Karibu. Aunque no hablo suajili, una de las cinco lenguas oficiales de mi país, sí que conozco su significado: 'bienvenido'. Todavía me estaba preguntando a dónde me había llevado aquella mujer desconocida a la que había encontrado una hora antes en una iglesia, cuando, al entrar, me llevé una sorpresa mayúscula. De pronto, me vi frente a dos mujeres, algo entradas en años, detrás de un mostrador de recepción, una de las cuales empezaba a hablarme en mi lengua materna, el kikongo. Se llamaba Lola, y después supe que había trabajado como misionera en mi país. Ella y su compañera, Isabel, hablaban francés con fluidez. Por primera vez en muchos días sentí como si se abriera ante mí el portón que más necesitaba: el de la esperanza.

Mientras tanto, la mujer que me acogió en la iglesia y que me había llevado hasta allí se había marchado. Debió de despedirse de mí, aunque seguramente ni me di cuenta. Lola e Isabel me invitaron a sentarme y me explicaron que aquel local era un centro social que se ocupaba de ayudar a inmigrantes africanos en Madrid. También me dijeron que pronto llegaría el director del centro, «un sacerdote que habla francés», y que él decidiría cómo podrían ayudarme.

El padre Antonio Díaz de Freijo era un hombre corpulento, de pelo más bien largo y barba entrecana, vestido con unos pantalones vaqueros y una cazadora que parecía bastante gastada. Estaba al frente de aquel centro donde yo veía a africanos que entraban y salían, seguramente gente en mi misma situación, o incluso peor. Después me enteré de que algunos de los que llegaban allí a buscar ayuda dormían en la calle a pesar del frío. Su figura me recordó a algunos de los misioneros europeos a los que había conocido en mi país. De hecho, había trabajado anteriormente en Burundi, unos 12 años según me dijeron. Hablaba francés con soltura y me inspiró confianza desde el primer momento. Me senté en su despacho y hablamos sin prisas.

A pesar de su cordialidad y de que me transmitió sosiego, mi primera impresión fue de temor. Tal vez era la resaca del miedo que arrastraba desde hacía mucho tiempo y que se resistía a abandonar mi espíritu. Me hizo muchas preguntas. Yo misma, cuando he trabajado después como técnica en la acogida a personas en situación vulnerable, me he visto enfrente de personas desprotegidas y sé que, si la quieres ayudar, hay que empezar por preguntar para conocer mejor su situación. Pero en aquel momento estaba asustada. Tenía entonces 20 o veintipocos años, pero aparentaba menos, y quizás por eso el padre Antonio me preguntó varias veces si me había escapado de casa. Mi miedo se tornó en ansiedad. Le enseñé la tarjeta del hotel donde había pasado las últimas noches y le dije que había dejado allí mis cosas. El padre Antonio me presentó a otra mujer, ya algo mayor, y me dijo que tenía que volver al hotel «donde estaba con mis padres».

Se llamaba Benigna y era religiosa. Desde el primer momento me tranquilizó y, según la fui conociendo, me pareció que era la bondad personificada. Desde aquel día ella fue como una abuela que cuidó de mí, me aconsejó y me escuchó con una paciencia infinita. Yo he respondido a esa actitud confiándole siempre mis problemas. Hoy sigo visitándola, aunque sufre de alzhéimer y ya no me reconoce, pero, para mí, sigue siendo mi abuela Beni, a quien acudí tantas veces durante 25 años en busca de consuelo y protección.

La buena de Beni me repetía una y otra vez: «Tenemos que encontrar a tus padres». Yo seguía teniendo miedo y estaba bloqueada. Llevaba tres días sin alimentarme, pero aquel día solo pude comer unas pocas galletas y una Coca Cola en el local de Karibu. Enseñé la tarjeta del hotel a Beni y me acompañó hasta allí. Cuando llegamos, me dejó en la recepción y salió fuera, quedándose de pie a unos metros de distancia, seguramente para ver si aparecían mis padres u otras personas en cuya compañía, supuestamente, me encontraba, sin atreverme a confesar la verdad. Sentada en un sillón del vestíbulo, me quedé llorando. Pensaba que tal vez mis idas y venidas de aquel día no habían servido de nada. No sé cuánto tiempo pasó antes de que Beni se plantara delante de mí. Me dijo: «No te preocupes, hija. Vamos a recoger tus cosas y te voy a llevar a un albergue».

El alojamiento al que me condujo estaba en la zona de Marqués de Vadillo. Era un piso de aspecto acogedor con dos dormitorios grandes donde pernoctaban 12 mujeres africanas de varios países. Algunas de ellas tenían niños pequeños. Percibí un ambiente familiar, humano, que me hizo sentir a gusto. Era uno de los pisos de acogida –casi todos cedidos por congregaciones religiosas– que gestionaba Karibu. El día declinaba y yo necesitaba dormir. Después de los saludos, ni corta ni perezosa me dirigí a Beni y le pregunté: «¿Dónde está mi habitación?».

Me quedé sorprendida al ver que no me ofrecían un espacio individual para dormir. Vi que Beni se quedó pálida, y comprendí que también ella estaba extrañada, pero me dijo que la siguiera. Aunque Beni no hablaba francés, desde el primer momento, sin saber cómo, nos entendimos a la perfección. Fuimos andando hasta su comunidad, que estaba muy cerca del albergue. Allí vivían cinco monjas, una de las cuales hablaba francés. Me llevé una gran alegría cuando me dijo que eran religiosas del Sagrado Corazón, puesto que yo había estudiado algunos años en uno de sus colegios en Kinshasa.

Aquella noche dormí en una habitación sencilla y limpia en casa de las monjas. Hacía mucho tiempo que no cerraba los ojos en paz para sumergirme en un sueño apacible y reparador. Esta vez no hubo sobresaltos en medio de la noche. Al día siguiente me desperté como si me hubiera quitado de encima un enorme peso de preocupaciones. Volví al albergue tras desayunar con las religiosas. Dos de las chicas eran también congoleñas y otra de Angola. Aunque hablamos en lingala, seguía teniendo un gran sentimiento de inseguridad, por lo que le dije a Beni que quería volver a dormir con ellas en la comunidad. En mi casa en Congo siempre había tenido una habitación individual. Después pensé que podían haberme dicho que en el albergue solo tenían dormitorios compartidos y que no me podían dispensar un trato de favor, pero fueron muy comprensivas conmigo y volvieron a darme un cuarto para mí sola. Me acordaba todo el tiempo de mi madre y estaba muy preocupada al pensar que hacía varios días que no sabía nada de mí. Tras dos noches en la comunidad religiosa, ya más descansada, acepté quedarme en el albergue. No era más importante ni más especial que las mujeres que vivían allí, a las que había visto contentas. Me acordé de que mi madre me decía siempre que en la vida hay que ser fuerte, y pensé que por qué no podía yo dormir allí con las otras muchachas.

Al día siguiente volví a la oficina de Karibu, donde hablé de nuevo con el padre Antonio. De forma muy directa me dijo que si quería quedarme en el albergue, la primera condición era que tenía que aprender español. Me explicó también los trámites que debía realizar para solicitar asilo en España y regularizar mi situación.

Aunque ya no tenía que preocuparme de pagar mi habitación y contaba con lo esencial para sentirme segura, me despertaba a menudo sobresaltada. Cuando iba por la calle me asaltaba la obsesión de que me iban a detener. Era como si, en vez de estar dentro del calabozo de Kinshasa, fuera este el que se hubiera metido dentro de mí y se resistiera a dejarme en paz.

Tuve que pasar página y empezar a escribir un capítulo nuevo de mi ida. Decidí que tenía que salir adelante a toda costa para no decepcionar a mis padres. Para ello tendría que poner todos los medios necesarios.

Capítulo 2

UNA INFANCIA SIN ERRORES, PERO CON MÚSICA Y LETRA

«En el Congo, la política hace que la gente sufra. El país es el primer productor mundial de cobalto y el mayor productor de cobre en África, pero nunca ha estado bien gobernado. No es ningún secreto: desde la independencia, ha estado dominado por una pequeña élite que sirve a sus propios intereses sin preocuparse por el bienestar de la población».

JASON STEARNS

Mi país es inmenso.

Inmensidad. Tal vez no hay palabra que exprese mejor el sentimiento de profundo sobrecogimiento que le invade a uno cuando contempla, desde lo alto, las extensiones inabarcables de selvas cuando sobrevuela el este de República Democrática de Congo, cuando baja desde el territorio del Ituri hasta los Kivus, o mientras navega por el majestuoso río Congo que, con sus 4.700 kilómetros que fluyen de sur a norte y de noreste a noroeste, para desembocar en el océano Atlántico, es considerado como el más caudaloso del mundo después del Amazonas. República Democrática de Congo tiene una extensión de 2.345.000 kilómetros cuadrados, suficiente para que cupieran en su territorio cinco países tan grandes como España. Su muy deficiente red de comunicaciones, con carreteras en mal estado o casi inexistentes, hace que sus generosas extensiones de selva y sabana den la impresión de ser aún más enormes.

Muchos miles de refugiados ruandeses que huyeron de los campos cercanos a Goma o a Bukavu en 1996, con el Ejército del país que los vio nacer pisándoles los talones, no tuvieron más opción que adentrarse por esas vastísimas selvas durante meses o años. Recorrieron apresuradamente a pie distancias de miles de kilómetros huyendo de la guerra. Los más afortunados terminaron buscando en países vecinos, como República de Congo o República Centroafricana, un entorno de seguridad que no encontraron aquí. Nadie sabrá nunca a ciencia cierta cuántos de los que huyeron, faltos de fuerzas o víctimas de enfermedades, desfallecieron por el camino y terminaron su vida desaparecidos en las selvas por las que transitaban.

Inmenso es también el dolor que hemos vivido muchas generaciones de congoleños desde hace más de un siglo. Recuerdo cómo nos explicaban en la escuela la historia de nuestro país. Cuando era adolescente, me dolía escuchar cómo el rey de Bélgica, Leopoldo II, decidió, en 1885, durante la Conferencia de Berlín, que el país le pertenecía como su finca particular y podía hacer con él lo que le viniera en gana. Lo administró de forma privada hasta 1908, año en que pasó oficialmente a ser una colonia belga. Los nuevos amos del país impusieron métodos coercitivos y muy violentos para forzar a nuestra población a explotar al máximo el caucho, destinado a la exportación, lo que les aportaba enormes beneficios económicos. Mis antepasados que no cumplían con las cuotas de producción establecidas fueron víctimas de castigos públicos humillantes que iban desde ser azotados en público hasta horribles mutilaciones de manos y pies. Hay que pensar que, hasta bien entrado el siglo XX, dominó en buena parte del mundo una mentalidad que consideraba que los súbditos de un rey le pertenecían y, por lo tanto, tenía el poder de disponer como se le antojara de sus tierras, sus familias, sus destinos e incluso sus vidas. Si eso ocurría en amplias zonas de Europa, cómo no imaginar los efectos de esa mentalidad en África, donde los colonizadores consideraban a sus habitantes por debajo de la raza humana, sin que nadie pusiera freno a esa cadena de atropellos sin fin.

Dicen los historiadores que entre 1885 y 1908 la violencia colonial sumada al hambre y las epidemias hicieron disminuir drásticamente la población, haciendo desaparecer a alrededor de medio millón de congoleños. El método de repartir el territorio entre compañías privadas para la explotación de los recursos naturales sería imitado muy pronto por los franceses en sus colonias, sobre todo en la de Ubangui-Chari –actual República Centroafricana–, donde utilizaron prácticas brutales similares.

❖ ❖ ❖

Mi familia es una pequeña parte de esta historia, y nuestro devenir, como el de millones de compatriotas nuestros, es una pieza del gran mosaico que forman las cronologías de muchas generaciones de congoleños. Mi padre se llama Jerome. Nació en Lubingwa, un pueblecito del territorio de Mbanza-Ngungu, y mi madre, Marie, vino al mundo en Kinshasa. La aldea natal de mi padre está en la provincia de Bas Congo, la parte del país que está más cercana al Atlántico y que se estrecha, como un embudo, hasta llegar al océano. De allí era también originaria la familia de mi madre. Por Mbanza-Ngungu pasa la línea de ferrocarril que une la capital, Kinshasa, con la ciudad portuaria de Matadi. Mi padre era funcionario de la administración territorial, por lo que yo nací en Inongo, provincia de Bandundu, cuando él estaba destinado allí.

En aquellos años, el país estaba dividido en diez provincias: Oriental, Kivu Norte, Kivu Sur, Maniema, Katanga, Kasai Occidental, Kasai Oriental, Equateur, Bandundu y Bas Congo, además de Kinshasa. Algún tiempo después, cuando el Gobierno organizó una nueva división de los distritos del país, mi provincia natal pasó a llamarse Mai-Ndombe, tomando este nombre del lago que baña la ciudad. Recuerdo la belleza de sus paisajes y suelo decir que en el lugar que me vio nacer se dan cita todos los verdes del mundo. A las niñas que nacíamos allí nos llamaban *nzako*, que quiere decir 'sirenas'. Éramos nueve hermanos: cuatro chicas y cinco chicos. Yo fui la quinta en nacer. Dos de mis hermanos murieron: uno se ahogó en un río y otra falleció debido a una enfermedad grave cuando apenas tenía 25 años. Su repentina ausencia nos sumió a todos en una enorme tristeza, pero qué familia en nuestro país –uno de los que cuentan con una esperanza de vida más baja en todo el mundo– no ha pasado por una prueba semejante, o incluso mucho peor. A mí me pusieron el nombre de Nicole cuando me bautizaron. Además de Ndongala, que es el apellido de mi padre, me dieron también el nombre que tenía mi abuela, Nzoiwidi, que significa 'casa exterminada'.

En mi casa hablábamos varios idiomas: el mushingombe, una variante del kikongo, la lengua materna de mis padres; el lingala, que era el predominante en Bandundu; y el francés, que en aquella época hablaban las personas que se podían permitir enviar a sus hijos a buenos centros escolares. Los africanos, por lo general, no nos damos cuenta de la enorme suerte que supone crecer en ambientes en los que asimilar desde la infancia dos, tres o cuatro lenguas al mismo tiempo es la cosa más normal del mundo. En este sentido, no siempre sabemos aprovechar la ventaja que eso supone para desarrollar una buena agilidad mental.

República Democrática de Congo, además del francés, tiene cuatro idiomas oficiales: lingala, suajili, kikongo y chiluba, pero cada etnia tiene su propia lengua, por lo que a estas cuatro oficiales hay que añadir varios cientos de lenguas más. A mi padre le fueron destinando a distintos lugares, a donde nos trasladamos toda la familia. Como consecuencia de ello, mis hermanos fueron naciendo en una sucesión de ciudades. En mi caso, pasé por distintas escuelas de Primaria y Secundaria en los pueblos donde fue recalando en sus nuevos destinos oficiales: Inongo, Mushi, Bakata, Bulungu... En Idiofa empecé el instituto, y cuando ascendieron a mi padre y le dieron una responsabilidad nueva en la capital, Kinshasa, yo ya había alcanzado la edad de empezar el Bachillerato.

Los primeros recuerdos de mi infancia datan de mis años en Inongo, un pueblo ribereño donde muchos de sus habitantes viven de la pesca. Allí, mi padre era el alcalde, y recuerdo que solía repetirnos a mí y a mis hermanos: «Tenéis que vivir sin cometer errores, porque sois hijos de un jefe». Dada la posición de mi padre, no éramos pobres, ni mucho menos, aunque él nos contaba siempre que había nacido en el seno de una familia muy necesitada y que le había criado su tío, gracias al cual pudo salir adelante. *Baba* Jerome tenía muy claro que sus hijos tenían que estudiar para no quedarse atrás y dedicaba todos sus esfuerzos a asegurar que pudiéramos recibir una educación de calidad que nos llevara lejos. De Inongo nos trasladamos a otro pueblo de Bandundu llamado Mushi, donde empecé la escuela primaria. Mi madre, Marie, venía de una familia acomodada y exitosa en el mundo de los negocios. Nos contaba siempre, con gran orgullo, que mis abuelos maternos abrieron el primer supermercado del país. Mi madre no estudió mucho, pero se le daba muy bien el comercio y sabía obtener beneficios de sus ventas y administrar sabiamente el dinero. La admiraba con una devoción casi religiosa y siempre quise aprender de ella. Seguramente fue esa la razón por la que, al terminar el Bachillerato, me incliné por iniciar estudios de Administración y Gestión de Empresas.

Tuve una infancia feliz, aunque siempre arrastré la callada frustración de no haber podido tener amistades de larga duración debido a que a mi padre le fueron destinando a distintos lugares y nos teníamos que mover con él, dejando atrás, inevitablemente, a amigos muy queridos cada pocos años. Siempre que teníamos que mudarnos a otro lugar dejábamos tras de nosotros un rastro de separaciones que hacían daño al corazón.

Jugábamos con los hijos de nuestros vecinos y con los niños de los colegas de trabajo de mi padre. Me encantaba bañarme en el lago y chapotear en sus aguas, aunque teníamos que tener muchísimo cuidado, no solo por el peligro de ahogamiento, sino también por la presencia de cocodrilos y otros animales peligrosos de la selva, sobre todo hipopótamos, que casi todos los años se cobraban la vida de algunos incautos pescadores. Mis juegos favoritos eran el *kebo*, que consistía en mantear a un niño al que le había tocado después de sortearlo entre nosotros, y el *nzango*, en el que saltábamos y saltábamos sin parar, lo que nos provocaba mucha risa. También contábamos historias alrededor del fuego al caer la tarde, una tradición común a toda África que, con la invasión de los teléfonos móviles hasta en los rincones aparentemente más lejanos del continente, parece que, por desgracia, se va perdiendo.

Me encantaba leer. Teníamos la suerte de que mi padre, por el cargo que ocupaba, podía recibir regularmente paquetes que le enviaban desde Kinshasa, y dentro nunca faltaban libros de *Tintín en el Congo* o de Harlequin. Mi primera novela favorita fue *Un cocodrilo en Luozi*, que contaba la historia de un enorme cocodrilo que se hacía amigo de los habitantes de una aldea ribereña del Congo hasta que un día se volvió contra ellos y les atacó. También me gustaba ver películas en la televisión que teníamos en casa, aunque mi padre —muy celoso a la hora de vigilar nuestro comportamiento— estaba siempre al acecho de escenas, a su juicio, subidas de tono que podían inocularnos costumbres enemigas de una buena moralidad. Por eso, cada vez que se adivinaba una secuencia de un beso apasionado entre un hombre y una mujer, *baba* Jerome se levantaba sin dudarlo y apagaba la tele sin más explicaciones. Mis hermanos y yo terminamos por anticiparnos a esas previsibles reacciones de mi padre y cuando veíamos una escena de dos amantes que iba subiendo de tono, y en la que el beso parecía inevitable, nos levantábamos antes, en silencio, y nos íbamos del salón para evitar la incómoda situación. Como muchas otras familias en Congo y en otros países africanos, las telenovelas hacían furor, y series extranjeras de gran éxito como *Falcon Crest,* la brasileña *Dona Beija* o congoleñas como *Maboke* llenaron mi imaginación durante los años de mi infancia y adolescencia.

Tal vez por ser la hija de una persona con cierto poder, descubrí muy pronto que me encantaba hablar en público, aunque a veces me quedara en blanco, como me ocurrió en una ocasión en la que nada menos que el rey Balduino de Bélgica y su esposa, la reina Fabiola, visitaron la localidad de Bakata, donde mi padre era el alcalde. Me confiaron la responsabilidad de recibir a los soberanos belgas pronunciando un discurso de bienvenida y ofreciendo un ramo de flores a la monarca. Recuerdo que la noche anterior no conseguí pegar ojo por la excitación de saberme el foco de atención cuando llegara aquel solemne momento. Cuando por fin me encontré allí, toda emperifollada con cofias y lacitos, ataviada de un blanco inmaculado y con el ramo de flores entre mis manos enfrente de Fabiola, de repente se me olvidaron las palabras que tan cuidadosamente había preparado durante muchos días, me puse a temblar y estallé en sollozos. Recuerdo que la reina se me acercó, me abrazó y, tras consolarme, me calmé y pude pronunciar mi discurso, que finalizó entre grandes aplausos. Afortunadamente, cuando muchos años después, ya en España, he tenido que hablar en público enfrente de ministros y jefes de Estado, no he vuelto a tener el mismo problema.

En casa, me acuerdo de que mi padre se entusiasmaba recordando el combate entre los dos supercampeones de boxeo estadounidenses de pesos pesados Mohamed Ali y George Foreman, que tuvo lugar en octubre de 1974 en Kinshasa. En mi país, llamado Zaire en aquella época, el boxeo es uno de los deportes que siempre ha levantado encendidas pasiones, y aquel enfrentamiento, conocido como «el combate del siglo», fue uno de los hitos de nuestra historia reciente que todavía hoy es recordado vivamente, sobre todo por personas de la generación anterior a la mía.

Mis padres eran muy religiosos, sobre todo mi madre, que siempre militó en movimientos como las Madres Católicas y la Cofradía de Santa Rita, la abogada de las causas imposibles, una santa que tiene muchos devotos en África, seguramente por el inmenso número de personas para las que la vida cotidiana es una lucha durísima por sobrevivir a la pobreza, las enfermedades, los conflictos y todo tipo de infortunios. Me fascinaban los coloridos uniformes que portaban las mujeres que, como mi madre, engrosaban las filas de estos movimientos y que ofrecían un espectáculo de gran colorido en las celebraciones solemnes. Desde muy pequeña serví durante las misas en el altar como acólita o monaguilla. También me apunté al movimiento de las Anuarites, un grupo juvenil católico para chicas que se inició en los años 80, inspirado en la vida de la joven monja Marie-Clémentine Anuarite Nengapeta, martirizada en 1964 durante la rebelión de los simbas, beatificada el 15 de agosto de 1985 y que ha dejado su impronta en la espiritualidad de la Iglesia católica del país.

En la Iglesia encontré también el lugar donde aprender a cantar, una de mis grandes pasiones desde niña. Mis padres todavía hoy se emocionan recordando que, cuando era muy pequeña, me gustaba cantar la canción *Femme noire, femme africane*, basada en un poema del escritor guineano Camara Laye que exalta a las madres africanas. Me seleccionaron para una coral regional muy conocida que se llamaba Bana Mbila, y fuimos varias veces a participar en festivales de música religiosa en distintas ciudades de mi país y de la vecina República de Congo.

El fundador de esta coral, el padre Jean Pierre Makamba, *abbé* Makamba, conocido como el Sacerdote Sabio, es un talentoso músico que, desde los años 80, destacó como una de las cabezas teológicas pensantes de la Iglesia en mi país, además de uno de los promotores de una inculturación litúrgica de calado. La música ha tenido siempre un papel cultural de primer orden en Congo, donde los artistas –ya sean profanos o religiosos– son verdaderos líderes de opinión y tienen una gran influencia social. En las parroquias se cuida mucho el canto religioso y las corales son verdaderas instituciones que cuentan con su junta directiva, sus vistosos uniformes y sus programas de actividades, que suelen incluir viajes para dar conciertos o participar en competiciones. Algunos de los grandes músicos de mi país han empezado a dar sus primeros pasos artísticos en corales de la Iglesia.

Una de las canciones más populares de la coral Bana Mbila se llamaba *Po, po, po*, que llegó a estar prohibida por el Gobierno y por la que amenazaron de muerte al *abbé* Makamba durante el régimen de Mobutu. La composición, una verdadera canción protesta sobre una melodía muy pegadiza, tenía mensajes subliminales contra los líderes políticos, a los que se interpelaba duramente con versos como: «¿Por qué no has escuchado la voz de Dios?», pero también se los comparaba con las palomas, «que no trabajan nunca, pero comen sin parar». La canción se hizo muy popular gracias a su difusión en la radio y la televisión, y ponía el dedo en la llaga al preguntarse por las causas de la gran paradoja de un país, generosamente dotado por la naturaleza con inmensos recursos, pero habitado por un pueblo que vive en la miseria y pasa hambre.

Otra canción muy conocida, compuesta también por el *abbé* Makamba, se titulaba *Notre beau métier* ('Nuestra hermosa profesión'), que hablaba sobre el sufrimiento de los maestros, que después de sacrificar sus vidas en formar a los futuros líderes, cuando estos llegaban a ocupar posiciones de responsabilidad los dejaban tirados como a un papel usado. Ambas canciones, y muchas otras interpretadas por la coral Bana Mbila, se pueden ver en vídeos de YouTube. En el de *Notre beau métier* se me ve, aunque muy jovencita y delgada. En aquella época, e incluso en tiempos más recientes, las letras de las canciones congoleñas, religiosas o no, han abundado en metáforas y versos de doble sentido empleadas para expresar la miseria del pueblo, el rechazo de la violencia o la corrupción de los políticos. Los congoleños pertenecemos a la gran mayoría de naciones para las que la democracia ha sido siempre una quimera, aunque nuestros políticos se llenen la boca a la hora de invocarla. Como suele ocurrir en las dictaduras, cuando los artistas quieren criticar al poder tienen que aguzar el ingenio para hacerlo con imágenes de doble significado, de forma que sus diatribas no se perciban de forma demasiado explícita. Eso sí, cuando se popularizan es inevitable que los poderosos a los que fustigan acaben entendiendo el mensaje y molestándose al sentirse interpelados. Recuerdo muy bien una ocasión en la que los miembros de la coral viajábamos en un minibús y nos pararon varios policías que, con muy malos modos, nos preguntaron: «¿Sois vosotros los que cantáis el *Po Po Po*?».

La Iglesia católica en Congo, a la que pertenece el 40 % de la población, ha contado siempre con grandes líderes que, llegado el momento, no han dudado en plantar cara a los políticos, como los cardenales Malula, Etsou y Monsengwo. Este último llegó a liderar parte de la transición política. No hay que olvidar tampoco a algunos prelados del este del país, como el arzobispo de Bukavu, el jesuita monseñor Christophe Munzihirwa Mwene Ngabo, asesinado en plena calle en 1996 por milicias prorruandesas, a las que había criticado abiertamente en sus homilías; o el obispo de Butembo, monseñor Melchisedech Sikuli Paluku, que no ha cesado de denunciar la inseguridad en la que vive la gente en su diócesis. No hay duda de que la Iglesia ha sido uno de los actores principales que ha contribuido a la emergencia de la democracia en el país en diferentes etapas: durante la independencia, a principios de los años 60, frente a Mobutu (1965-1997), durante la apertura democrática a principios de los años 90, y durante el proceso que siguió a la tercera República, a partir de 2006.

Aunque los dirigentes, conscientes del gran seguimiento con el que cuenta la Iglesia en Congo, intentan tener buenas relaciones con los obispos, en más de una ocasión no han podido ocultar su profunda irritación ante sus críticas, advirtiendo que «a la Iglesia no le corresponde interferir en asuntos políticos». Durante la visita del papa Francisco a Kinshasa, el 2 de febrero de 2023, durante un encuentro con los jóvenes en la capital, cuando el Pontífice denunció la corrupción, buena parte del público coreó eslóganes que denunciaban las malas prácticas de las autoridades..., y a algunos no les salió gratis. Un sacerdote, el padre Guy Julien Muluku, y cinco jóvenes que habían lanzado gritos contra la clase dirigente fueron detenidos por la Policía, que los acusó de haber lanzado proclamas subversivas contra el presidente Félix Thsisekedi. Los retuvieron en los calabozos 34 horas antes de ser puestos en libertad.

❖ ❖ ❖

Los congoleños somos un pueblo muy patriota. Hasta hace pocos años, todos los días tenía lugar en todos los rincones del país la ceremonia de izado de nuestra bandera, invariablemente a las ocho de la mañana. Ya fueras en coche, en moto o a pie tenías que pararte y permanecer en silencio en actitud respetuosa. Si ibas caminando, debías detenerte y ponerte firme. Si no respetabas el ritual, todos te miraban mal y podías incluso acabar en la comisaría más cercana, donde te habrían recriminado tu falta de respeto hacia el símbolo más sagrado de la nación.

Todas las colonizaciones son malas, y algunas pésimas. Varias de ellas, a pesar de todo, han legado elementos positivos, como infraestructuras, escuelas u hospitales. La nuestra fue desastrosa y perversa. Cuando estudiaba Bachillerato, leí el famoso *Informe Casement*, publicado en 1904. Nos decían que en aquella época, en la que había poca información sobre lo que ocurría en un continente que solo despertaba la atención de los europeos para apropiarse de unos recursos naturales que alimentaban la Revolución Industrial, algunos filántropos europeos empezaron a denunciar las horribles condiciones de vida impuestas a los congoleños. El demoledor documento, escrito por el diplomático y activista independentista irlandés Roger Casement, influyó decisivamente en la renuncia del rey Leopoldo a sus propiedades privadas en África. No obstante, las condiciones de trabajos forzados –rayanas en la esclavitud– continuaron después de 1908 con la colonización belga. Si se suavizaron algunos métodos no se debió a la repentina aparición de sentimientos filantrópicos, sino, sobre todo, a factores económicos, como el abandono de la explotación del caucho silvestre por el cultivado en fincas o la imposición de un sistema de impuestos a la población autóctona. Por aquellos años, la administración belga descubrió, con gran alborozo, que en Congo había no solo caucho, sino también oro, estaño, cobre y otros metales de gran valor. En una de las primeras ocasiones en las que pude viajar a Bruselas y pasear por sus calles con tranquilidad, recuerdo que mis compatriotas me hicieron observar algunos suntuosos edificios que databan de principios del siglo XX: me explicaron que se levantaron gracias a la acumulación de riquezas saqueadas en mi tierra con aquellos métodos inhumanos de explotación.

La historia de mi país ha tenido pocos momentos de felicidad y muchos de desgracia. La colonización belga nos dejó esquilmados y débiles en los albores de nuestra independencia. Leí una vez que, a finales de los años 50 del siglo pasado, en vísperas del final de la colonización, Congo apenas contaba con cuatro graduados universitarios. Parecía intencionado el hecho de habernos dejado abandonados a nuestra suerte sin cuadros suficientes para regir nuestros destinos y así justificar las frecuentes interferencias del antiguo poder colonial en el nuevo país.

Tuvimos un gran líder, visionario, valiente y panafricanista, hasta hoy venerado por todos, que ha inspirado a muchas generaciones no solo de congoleños, sino también de africanos de otros países. Se llamaba Patrice Lumumba.

El 30 de junio de 1960, en presencia del rey Balduino y del primer presidente congoleño, Joseph Kasavubu, tuvo lugar en Leopoldville, que más tarde cambiaría de nombre a Kinshasa, la ceremonia de transferencia de poderes. El primer ministro, Patrice Lumumba, pronunció un discurso no previsto en el que recordó que la independencia que empezaba aquel día no había sido un regalo de Bélgica, sino el fruto de una lucha popular «de sangre, de fuego y de lágrimas», y fustigó duramente un sistema colonial «basado en la esclavitud humillante que nos fue impuesto por la fuerza». El ardiente discurso del joven y carismático político fue acogido con muestras de júbilo por los congoleños, pero provocó el resentimiento de los belgas, que lo interpretaron como una afrenta al rey.

Al llegar la independencia, los belgas no se marcharon del todo y dejaron varias unidades militares en el país. La primera prueba de que el antiguo poder colonial se iba a dedicar a poner palos en las ruedas del nuevo país tuvo lugar el 11 de julio de 1960, cuando un grupo de líderes políticos de la provincia de Katanga, bajo la dirección de Moise Tshombe, proclamaron la secesión de la provincia, llegando a crear su propia moneda y su propia Policía. Apenas un mes después, la provincia de Kasai del Sur siguió los pasos de Katanga y anunció su separación del país. Las cosas no podían empezar de peor manera para el nuevo Gobierno central, que vio impotente cómo perdía las dos principales provincias mineras. La ONU propuso una mediación y el primer ministro, Lumumba, solicitó el despliegue de cascos azules. Tras una rápida sucesión de resoluciones contradictorias, entre ellas un llamamiento a que Bélgica retirara sus tropas, Naciones Unidas rechazó la opción militar y se limitó a calificar la situación en Katanga de «conflicto interno». Lumumba envió tropas para ocupar las provincias rebeldes, pero la ONU impuso un alto el fuego que, en la práctica, impidió la entrada de los soldados congoleños en Katanga. Estados Unidos, a través de la CIA, decidió terminar con Lumumba, sobre todo después de que este pidiera ayuda militar a la Unión Soviética, y el 17 de enero de 1961, el joven político fue asesinado. Su trágica muerte supuso un drástico cambio de rumbo para mi país, y terminó con cualquier esperanza de un futuro prometedor.

Lumumba había sido un poderoso símbolo de rebelión frente al neocolonialismo y los belgas hicieron todo lo posible para eliminar su memoria. Para evitar que su tumba se convirtiera en un lugar de peregrinación y que su memoria creciera entre el pueblo congoleño como un poderoso símbolo de la lucha contra el colonialismo, sus asesinos desmembraron su cuerpo y lo disolvieron en ácido. Un policía belga que supervisó la destrucción de su cadáver se hizo con un diente suyo, con una corona de oro, como si tuviera interés por conservar un trofeo arrebatado a quien consideró como su peor enemigo. En 2016, las autoridades belgas confiscaron esa pieza dental a la hija del policía. 60 años después de su muerte, unos días más tarde de que el rey Felipe de Bélgica expresara «su más profundo arrepentimiento» por los abusos cometidos por su país hacia la excolonia africana, la reliquia fue devuelta a Congo en una ceremonia oficial.

En 1965, Mobutu derrocó el débil gobierno de Kasavubu. Se instauró entonces una larga dictadura. El general tomó el control del Ejército y formó un Gobierno de comisarios apoyado por Estados Unidos, que vio en él un contrapeso para bloquear cualquier intento de influencia soviética. El régimen de Mobutu, como todos los sistemas totalitarios, creyó que estaba destinado a durar para siempre. Se basó en el clientelismo político, la cleptocracia y el abandono de la población, que se acostumbró a vivir bajo el proverbial «articulo 15» de la Constitución: *«debrouillez vous»*, algo así como «arréglatelas como puedas». Nada de eso preocupó a sus fieles aliados occidentales, especialmente a Estados Unidos, para los cuales, durante los años de la Guerra Fría, Mobutu constituía un contrapeso geoestratégico frente a su vecino angoleño, que estaba bajo un régimen comunista.

❖ ❖ ❖

En 1990, a mi padre le nombraron consejero del gobernador en el ayuntamiento de Kinshasa, y allí nos fuimos toda la familia. Habíamos vivido hasta entonces en ciudades pequeñas, donde todo el mundo se conocía y pasabas todo el día encontrándote con tus vecinos. Cuando aterricé en aquella ciudad enorme y caótica, de más de diez millones de habitantes, me encontré perdida. Yo había estado ya allí de vacaciones, pero instalarme para vivir en aquella megápolis fue algo muy distinto. Vivimos primero en el barrio de Barumbu, en casa de mi abuela, mientras mi padre terminaba de construir la casa familiar en Campingue, cerca de la Universidad UPN. Durante aquellos años, el régimen de Mobutu agonizaba y el país empezó a vivir sobresaltos peligrosos. Yo estaba empezando mi adolescencia, etapa de mi vida que me hizo aún más tímida de lo que ya era. Antes de llegar a Kinshasa estaba matriculada en el Liceo Yedisa, que dirigían las monjas del Sagrado Corazón. Estudié allí hasta quinto de Secundaria, en la rama de Comercio, algunas de cuyas asignaturas coincidían con mis intereses profesionales. Cuando llegamos a la capital, completé el último curso de Bachillerato en el Ateneo de la Victoire y de allí pasé a la Universidad de Kinshasa para estudiar Gestión Financiera. Mientras tanto, la inestabilidad política aumentaba, circunstancia que afectaba muy negativamente en la vida de los estudiantes, sobre todo en la de aquellos que no contaban con medios financieros suficientes, que eran la mayoría. Para hacer un ciclo universitario que, en circunstancias normales, duraba tres años, terminabas empleando cinco. Empecé la licenciatura en 1996, pero nunca pude terminarla.

En la universidad reinaba un ambiente de gran efervescencia política. Todos nos quejábamos de Mobutu, de la corrupción, de la pésima calidad de la enseñanza y de lo imposible que se había puesto el coste de la vida, pero teníamos que andarnos con pies de plomo, porque sabíamos de sobra que había espías por todas partes y a la menor sospecha o acusación te podían detener y llevarte a paradero desconocido.

A pesar de todo, lentamente, pero con constancia, salí adelante y empecé una incipiente carrera profesional. Tuve mucha suerte, porque me aceptaron para hacer prácticas en Afrima, una sucursal de la empresa automovilística Toyota. Durante mi período como becaria en esta empresa pude incluso salir a República de Congo y a Marruecos en misiones de trabajo.

Era joven y mi padre estaba construyendo una amplia y hermosa casa familiar rodeada de un bonito jardín. Tenía amigos, tenía estudios, buena salud, empezaba a trabajar y un futuro prometedor se abría delante de mí. Pero, en realidad, vivía envuelta en una ilusión, como si pensara que la inestabilidad que empezaba a adueñarse de Congo no tuviera nada que ver conmigo. Todo aquel sueño de un porvenir brillante y feliz desapareció de un plumazo al llegar la guerra, o, mejor dicho, las guerras. Una avalancha de acontecimientos muy dolorosos iba a hacer que mi vida tomara un giro inesperado que nunca podría haberme imaginado y que me marcaría para siempre.

Capítulo 3

NOCHES DE TERROR

*«El Congo es un país fatigoso que abruma y deprime.
Pero aquellos que amen África deben pasar por el
Congo, sufrir el impacto de su hermosura y también
de su dureza. Forma parte de la esencia de África,
está en su médula y en su corazón. Es un territorio
de dolor... es un África opresiva, agobiadora, que
entra en tu alma como una puñalada de realidad
sufriente y de belleza incomprensible».*

JAVIER REVERTE

*«Las emociones inexpresadas nunca mueren. Son
enterradas vivas y salen más tarde de peores formas».*

SIGMUND FREUD

—Bajad todos del coche. ¡En fila!

—¿Decís que venís de la iglesia? Pues uno a uno, ¡cantad *Aleluya*!

Cuando empecé la universidad, en 1996, Kinshasa era un hervidero de rumores, en Congo los llamamos *Parlement debut* o «parlamento de pie», que alimentaban sentimientos de miedo y odio —ambos suelen ir de la mano— que no dejaban de crecer. Hacía varios días que oíamos que unos rebeldes extranjeros, de los que no sabíamos mucho, habían invadido el este del país apoyados por los ejércitos de Ruanda y Uganda. Mucha gente los llamaba *kadogos*, nombre que en suajili significa algo así como 'poquita cosa'. Soldados y policías apostados en *checkpoints* que surgían como hongos de la noche a la mañana en cualquier lugar de Kinshasa paraban con frecuencia, en busca de infiltrados, a minibuses y furgonetas sobrecargadas que cruzan de un barrio a otro y que constituyen el único transporte público de la ciudad. Su posible presencia en la capital inquietaba y se había convertido en una verdadera obsesión teñida de odio. Los extranjeros presentes en la capital, aunque llevaran allí toda la vida, se vieron de repente envueltos en una nube de sospecha que les hacía temer por su propia existencia.

–¿No me habéis oído? ¡Cantad *Aleluya*! ¡Más fuerte, que no os oigo!

Los ruandeses, debido a la fonética de su lengua, tienen una forma muy particular de pronunciar la letra ele, con un sonido más próximo a la erre, de forma que «aleluya» pronunciada por ellos sonaría inconfundiblemente como «*areruya*». Esta particularidad fonética no es exclusiva de los ruandeses, y en algunas etnias de la zona de los Grandes Lagos te puedes encontrar con la misma forma de pronunciar lo que sería un sonido intermedio entre ambas consonantes. Quien quiera que tuviera la mala fortuna de pronunciarla de esta forma se delataría a sí mismo como ruandés y, por tanto, como un enemigo a abatir sin contemplaciones.

Cuando un régimen se ve amenazado y persiste en perpetuarse en el poder, lanza oleadas de represión y, sobre todo, fomenta el odio hacia las personas diferentes. Enrarece el ambiente, haciéndolo irrespirable, sobre todo si el rechazo hacia el foráneo se mezcla con mentiras y miedos. En Kinshasa, el poder de Mobutu se volvía más frágil cada día y según aumentaba su debilidad se incrementaba el odio hacia los extranjeros. Nunca se sabrá cuántas personas fueron asesinadas durante aquellos meses simplemente por un detalle que los agitados soldados y policías podían interpretar como una seña de identidad étnica ruandesa: una nariz rectilínea o la forma de pronunciar una determinada palabra. Algunas de esas redadas policiales en las que algún incauto cometió ese error terminaron con el supuesto ruandés asesinado allí mismo, delante de todos, sin contemplaciones. Yo misma pude haber acabado de la misma manera. No sé por qué razón, en una ocasión, un furioso hombre de uniforme que no se había quedado satisfecho al comprobar mi identidad en el carné de estudiante, me gritó que era ruandesa y siguió insistiendo con una agresividad creciente a pesar de mis negativas. Mientras, un terror frío me invadía, mi voz se apagaba, se me esfumaban las fuerzas y dudaba de si seguiría viva al minuto siguiente. La vida estaba pendiente del capricho de unos gorilas que, por aquella época, decidían quién era buen congoleño, mal congoleño, extranjero –y, por lo tanto, enemigo, al menos potencial– o, incluso, un ser no humano que no merecía vivir.

Congo ha pasado por numerosos momentos trágicos en su historia, pero el peor de todos, con mucha diferencia, comenzó a partir de aquel año, cuando a causa de la crisis desencadenada durante el genocidio de Ruanda de 1994, el gigante africano fue invadido militarmente por Ruanda y Uganda, que crearon, entrenaron y armaron grupos rebeldes títeres. Cientos de miles de refugiados ruandeses, que durante los dos años anteriores habían malvivido en enormes campos de refugiados en los alrededores de Goma y Bukavu, fueron masacrados sin piedad por las fuerzas invasoras, que los bombardearon y persiguieron con saña por todo el país. Una de las víctimas más prominentes de aquel ataque contra la población civil fue el arzobispo de Bukavu, monseñor Christophe Munzihirwa, asesinado en 1996, en plena calle, por un comando ligado al poder ruandés.

Otro de los rumores que circulaba por Kinshasa durante aquellos meses aseguraba que el presidente Mobutu estaba muy enfermo y a punto de morir. Era cierto que estaba en la última fase de un cáncer de próstata y que cada vez se encontraba más debilitado. Cuando la inflación se disparó hasta extremos insospechados –una barra de pan podía costar varios millones de francos congoleños–, la gente, haciendo gala de un humor negro que en mi país es proverbial, bautizó los nuevos francos como «próstatas». Ante el avance imparable de los rebeldes, Mobutu se vio obligado en 1997 a abandonar el poder, y el líder insurgente Laurent Désiré Kabila se convirtió en el nuevo presidente, con el apoyo de sus padrinos ugandeses y ruandeses. Mobutu, muy debilitado por el cáncer, ya en fase terminal, murió en el exilio en Marruecos aquel año.

❖ ❖ ❖

Silencio y miedo. Es una combinación peligrosa que nutre los conflictos, justifica la violencia y alimenta emociones irracionales. En el caso de Kinshasa, creó un ambiente enrarecido que dominaba la vida de los que nos encontrábamos en la ciudad durante aquel fatídico año. Cada día comenzaba con la incertidumbre más absoluta sobre si tendríamos clase en la universidad. Nuestra vida empezó a estar dominada por nuevas expresiones que hasta entonces no conocíamos, como *ville morte* ('ciudad muerta') o *couvre feu* ('toque de queda'). Cuando los grupos de oposición daban la orden de seguir la consigna de «ciudad muerta» no había más remedio que quedarse en casa sin salir. Los comerciantes no podían abrir sus tiendas, so pena de exponerse a ser blanco de las iras de los que habían organizado la protesta. Las autoridades imponían sin previo aviso el *couvre feu*, normalmente a través de la radio. Apenas hecho público, o incluso antes, impedían la circulación por la vía pública. A veces empezaba a las nueve de la noche, pero a veces comenzaba a las cinco o las seis de la tarde. Si rompías la prohibición podías ser detenido, o incluso tiroteado, sin previo aviso por parte de las Fuerzas de Seguridad.

Entonces yo vivía en el barrio conocido como UPN, y para llegar a la universidad tenía que atravesar toda la ciudad, para lo que debía cambiar dos veces de furgoneta y emplear cerca de hora y media, tiempo que a la vuelta, por la tarde, podía ser el doble. Ni que decir tiene que en el interior de esos minibuses reinaba el silencio más absoluto. Hacer algún comentario, por ligero que pudiera parecer, que no fuera del agrado de uno de los muchos espías infiltrados que había por todas partes, te podía costar la vida. Algunas veces llegábamos a la universidad solo para encontrarnos con que no había clase y que habíamos hecho todo el trayecto en balde. Un día, al llegar a la puerta de salida,

nos la encontramos cerrada a cal y canto. Nos ordenaron que nos quedáramos allí. Nadie podía salir. Los
militares, por razones que desconocíamos, acababan
de desplegarse por la gran avenida Du 24 Novembre,
el gran centro neurálgico de Kinshasa, por donde pasaban las autoridades para ir a sus oficinas en los ministerios. Allí se encontraban también las sedes de la
radio y la televisión nacionales.

Aquel día, ya por la noche, abrieron las puertas de
la facultad y los policías nos ordenaron que saliéramos en orden. En el primer transbordo, en medio de
la confusión de la noche, unos soldados que se encontraban en uno de los muchos puestos de control
esparcidos por toda la ciudad, nos detuvieron a mí
y a una amiga con la que viajaba. Estábamos muertas de miedo, sin saber qué pasaría con nosotras. Al
cabo de una hora eterna nos dijeron que nos podíamos ir. Creí que ya se había acabado la pesadilla, pero
en el siguiente transbordo nos encontramos con otro
control. Los soldados nos detuvieron a todos los que
acabábamos de salir del minibús, nos metieron en un
camión y nos condujeron a una comisaría de policía,
donde nos encerraron, sin separar a hombres de mujeres, en un calabozo oscuro en el que reinaba un calor
húmedo y sofocante. Dos horas después llegaron unos
agentes y empezaron a enfocarnos con sus linternas. A
unas chicas y a mí nos ordenaron que saliéramos. Nos
condujeron a un despacho donde la única silla estaba
ocupada por un oficial, que nos interrogó de forma
muy agresiva. «¿De dónde venías? ¿Por qué circulas
tan tarde? ¿Dónde vives? ¿Seguro que eres congoleña?
¿No eres extranjera?».

Cuando oyó mis respuestas, me interrumpió colérico diciendo que mentía y que había venido de fuera del país para crear problemas, mientras yo le respondía que no era extranjera. Me pidió dinero, pero no tenía nada encima. Al final, nos ordenó que nos tumbáramos en el suelo y nos encerró allí.

No sé cuántas horas pasamos en aquel lugar, tumbadas boca abajo, temblando de miedo, temiendo lo peor. Nos soltaron al despuntar el alba. El alivio del aire fresco que sentí en la cara al salir de la comisaría fue un ligero placer que duró poco. Me encontré caminando en las primeras horas de una mañana fea y gris, descompuesta y aturdida, en dirección a mi casa. Mis padres estaban muy preocupados. No habían pegado ojo y respiraron aliviados al verme. Mi madre me abrazó muy fuerte y empezó a llorar, mientras mi padre intentaba calmar el ambiente y repetía: «Lo importante es que ahora estás aquí y no te han hecho nada malo».

Todos somos prisioneros del relato de nuestra vida, o mejor sería decir que lo somos de las pequeñas historias que van conformando nuestra existencia. Por aquel entonces, repetía interiormente la frase de mi padre: «No te han hecho nada malo», y tal vez llegó un momento en el que empecé a pensar que era poco menos que invulnerable y que la violencia no podría alcanzarme nunca. Si acaso, me podría rozar un poco, pero estaba segura de que esquivaría lo peor. Aquella era mi narrativa. Mi juventud me hacía ser demasiado optimista, o quizás ingenua. No tardaría demasiado tiempo en darme cuenta de que lo peor estaba por llegar.

A pesar de todo, tuve que seguir yendo a la universidad. En medio de aquel caos, no había alternativa. Teníamos esa situación en el país y había que vivir con ella sin saber cuánto tiempo duraría. Las cosas se volvían más difíciles cada día y empezaron a escasear los artículos de primera necesidad. El descontento contra el presidente Mobutu crecía y la universidad se convirtió en un foco de oposición que, como nos temíamos, pronto entró en el punto de mira de las autoridades. Un día empezamos a oír que algunos hombres de uniforme habían empezado a ocupar puestos estratégicos en Kinshasa. ¿Quiénes eran y qué querían? No sabíamos todavía que eran los nuevos amos del país: rebeldes apoyados por Ruanda y Uganda dirigidos por un nuevo hombre fuerte llamado Laurent Désiré Kabila. La situación se volvió muy tensa, porque fuerzas leales a Mobutu y soldados rebeldes coexistían en la misma ciudad con el riesgo evidente de que los enfrentamientos armados pudieran empezar en cualquier momento y sin previo aviso. Los últimos soldados de Mobutu que permanecían en la capital tenían los nervios a flor de piel y cada dos por tres nos paraban por cualquier motivo. Algunos ciudadanos ruandeses y ugandeses que llevaban muchos años viviendo en Kinshasa y que no tenían nada que ver con la rebelión fueron linchados, a veces después de ser acusados por sus propios vecinos. Sus cuerpos yacían abandonados en la calle a plena luz del día.

Al final, en 1997, coincidiendo con la salida de Mobutu del país, sus soldados se esfumaron hasta desaparecer por completo de Kinshasa. Pronto empezamos a ver a los nuevos militares, muchos de los cuales eran niños, los *kadogos*. Bastantes de ellos eran ruandeses y ugandeses. Kabila entró en Kinshasa en mayo de ese año y el país cambió de nombre. En vez de Zaire, nombre que Mobutu impuso cuando lanzó su política de «autenticidad», pasó a recuperar su antigua denominación de República Democrática de Congo.

Los universitarios nos encontrábamos en una situación muy difícil. Ante la inseguridad reinante, resultaba muy arriesgado cruzar la ciudad para ir a clase, pero si no acudíamos nos podían suspender y perderíamos el curso. Una vez, nada más salir de casa, me pararon unos soldados y me acusaron de ser la hija de un ministro de Mobutu, cosa que negué. Esto me hizo pensar que tal vez por los cargos que había ocupado mi padre en la administración pública nuestra familia estaba en el punto de mira de los nuevos amos del país. En épocas de confusión e inseguridad, es triste ver cómo algunos de tus propios vecinos quieren pescar en río revuelto para provecho propio y pueden acusarte o difundir historias falsas sobre ti que te colocan en una situación muy delicada. Por aquellas fechas, mi padre ya no era ni siquiera consejero municipal y trabajaba en la sucursal de un banco... durante los raros días en los que la entidad abría sus puertas.

La presencia de hombres uniformados en las paradas del minibús, los interrogatorios en plena calle y, peor aún, las detenciones y los traslados a comisaría se habían convertido en rutina. Aquellos momentos terminaban siempre con los policías o soldados pidiendo dinero y, les dieras algo o no, todo se solía quedar en un susto: cuando se cansaban te soltaban y te marchabas aliviada. Pero un día las cosas se torcieron.

Me llevaron a un centro de detención y me metieron en un calabozo sucio y oscuro. Estaba sola. Entonces llegó uno de los jefes. Me amenazó. Me gritó. Empezó a manosearme. Me agredió... Y pasó lo que pasó. Nunca supe su nombre, pero me acuerdo muy bien de su cara. Sentí un vértigo infinito, como si cayera en un pozo sin fondo, envuelta en la oscuridad más absoluta.

No quiero recordarlo.

Aquello se repitió dos veces más. En cada ocasión, mi padre me llevó al hospital.

Desde entonces, he soñado muchas veces que estoy cautiva y sola en una casa que, sin saber cómo, se transforma en un cubículo de cristal del que no puedo salir porque no encuentro ni puertas ni ventanas. De repente, un fortísimo viento sacude los muros y una enorme piedra rompe el tejado con un estruendo ensordecedor, dejándome expuesta a una lluvia que cae primero como un violento temporal para después transformarse en una llovizna fina que me cala mansamente mientras me quedo temblando, empapada y fría... Cuando me invaden estas imágenes intento rebelarme y pienso de dónde sacarían los que me agredieron el poder de invadir la esfera más íntima de mi vida: mis sueños, los confines de mi conciencia que controlan los miedos más profundos.

Cuando ocurría algo así, no podías hacer absolutamente nada. En el hospital, además de los tratamientos adecuados, me podían haber extendido un certificado médico, pero ¿con qué finalidad? ¿Para poner una denuncia? ¿Dónde? ¿Contra quién? Y si lo hacías, te asaltaba el temor de que alguien se podía

vengar y te podía hacer incluso más daño. ¿Quién me
iba a proteger? ¿La Policía? No nos andemos con bro-
mas de mal gusto... ¿La misma Policía que me había
agredido?

A mi hermana pequeña, que frecuentaba una universidad privada, la detuvieron también varias veces.
No supe, o no quise saber, más detalles de lo que le
ocurrió... Mis padres ya no sabían qué hacer para
ofrecernos un mínimo de seguridad.

Los acosos no los sufríamos solo en la calle, sino
que los hombres armados allanaban las casas particulares sin necesidad de llevar ninguna orden de regis-
tro. Lo hacían seguramente porque allí habían vivido
varios ministros de Mobutu, o por lo menos eso pensaban ellos. Un domingo, al salir por la mañana para
ir a misa, nos encontramos con que los nuevos soldados habían rodeado el barrio y no permitían circular a
nadie. Nos obligaron a volver a casa y entraron detrás
de nosotros. Mi padre, muy previsor, tenía varias foto-
copias legalizadas de los documentos de propiedad de
nuestra vivienda, y siempre les mostraba una de ellas,
que casi siempre acababan llevándose. El original lo
tenía a buen recaudo y siempre lo conservó intacto,
hasta hoy.

A aquella pesadilla siguieron unos meses de relativa calma. Pero duró poco.

❖ ❖ ❖

2 de agosto de 1998. Poco antes del amanecer, nos
despertamos sobresaltados al oír detonaciones de
armas procedentes de varios lugares de la ciudad que

iban aumentando en intensidad. Pronto supimos que los soldados ugandeses, ruandeses y burundeses que habían ayudado al presidente Kabila a tomar el poder —y que todavía permanecían en la capital— habían lanzado una ofensiva militar contra él. Hacía varios días que corrían rumores insistentes sobre una tensión que no dejaba de crecer entre Kabila y sus aliados, sobre todo los ruandeses, los cuales supuestamente llevaban tiempo reclamándole una parte del territorio congoleño en el este. Otras versiones se centraban en explicar que Kabila simplemente se había cansado de depender de sus apoyos extranjeros, que quiso deshacerse de ellos y les conminó a que se marcharan, encontrándose con una fuerte resistencia.

Tras aquellas escaramuzas en la capital, los antiguos aliados de Kabila se retiraron hacia el suroeste, hasta alcanzar la base aérea de Kitona, donde se encuentra la desembocadura del río Congo en el Atlántico, en la provincia del Bas Congo, llamada hoy Congo Central. Al llegar allí, algunos antiguos soldados de Mobutu se unieron a los ugandeses y ruandeses y comenzaron a avanzar, en un frente común, hacia la capital, situada a unos 600 kilómetros. En la presa de Inga —donde se encuentra la central hidroeléctrica construida en un gran salto del río Congo—, que abastece a la capital de suministro eléctrico, desconectaron las turbinas y dejaron Kinshasa completamente a oscuras. Aquella situación, que aumentó el caos y la desmoralización en la ciudad, duró algo más de dos semanas. Mientras tanto, intentábamos enterarnos de lo que pasaba pegando la oreja a la radio para seguir la actualidad. Medios extranjeros como Radio France International y Voice of America nos ponían al día sobre el avance de los rebeldes hacia la capital sin encontrar apenas resistencia. La versión de los medios estatales era completamente distinta: las autoridades insistían en que el Ejército estaba destruyendo a los rebeldes, todo estaba controlado y no había ninguna razón para alarmarse.

En medio de esta tensión que no dejaba de aumentar, la propaganda gubernamental alimentaba una paranoia enfermiza que, aprovechándose de las emociones y de un sentimiento patriótico mal entendido, se tradujo en un ambiente de odio contra «el enemigo que viene de fuera». Ruandeses, ugandeses y franceses se convirtieron en el blanco de las iras de los habitantes de Kinshasa. Al mismo tiempo, las autoridades empezaron a reclutar a muchachos muy jóvenes para combatir, algo que no era difícil entre una enorme masa de chicos desempleados sin perspectivas de futuro y sin nada que perder. En Kinshasa se desató una verdadera caza al hombre. El Gobierno aseguraba que la capital estaba llena de infiltrados, por lo que bandas de civiles y militares armados con fusiles, machetes y palos recorrían los barrios para buscar a los supuestos quintacolumnistas. Había controles por todas partes. Pronto empezamos a ver cadáveres en algunas calles, muchos de ellos calcinados en la vía pública.

La tensión llegó al paroxismo cuando, a finales de agosto, los rebeldes llegaron a las puertas de la capital. Atacaron por el aeropuerto de N'Djili, donde tuvieron lugar combates encarnizados. A Kabila le salvó *in extremis* el entonces presidente de Angola, José Eduardo Dos Santos, quien –según se supo después, a cambio de generosas concesiones mineras– envió con rapidez una fuerza militar compuesta por soldados de élite que impidieron que la ciudad cayera en manos de las fuerzas ruandesas y ugandesas. Los helicópteros de combate y los aviones militares enviados por Angola diezmaron las fuerzas rebeldes, que no tuvieron más remedio que batirse en retirada y poner fin a su ofensiva. Kinshasa quedó libre de esta amenaza, pero la guerra continuó en el este.

Así comenzó la segunda guerra del Congo, que atrajo a no menos de siete naciones africanas (Uganda, Ruanda, Burundi, Zimbabue, Namibia, Angola y República de Congo), además de una veintena de grupos rebeldes y milicias de lo más variopinto que se fueron fragmentando y multiplicando. En realidad, el objetivo principal de este conflicto fue el saqueo de las inmensas riquezas naturales del país. Se calcula que unos cinco millones de personas murieron por causas directas o indirectas vinculadas al mismo, al que unos acuerdos de paz firmados en Sudáfrica en 2003 intentaron poner fin con la garantía de una misión internacional de mantenimiento de la paz, primero llamada MONUC y, más tarde, MONUSCO. Dos años antes, en enero de 2001, Laurent Désiré Kabila murió tiroteado por uno de sus jóvenes guardaespaldas. Desde entonces, su enigmático hijo, Joseph Kabila, ocupó la silla presidencial y dominó la escena política hasta que, tras unas elecciones celebradas en diciembre de 2018, Félix Tshisekedi se convirtió en presidente.

La segunda guerra congoleña, que oficialmente se desarrolló entre 1998 y 2003, en realidad no terminó nunca. Dejó una secuela de conflictos sin resolver que parecen interminables y en los que Ruanda ha agitado siempre las aguas de la conflagración apadrinando a diversos grupos armados, cuando no interviniendo directamente. El primero de ellos fue el Rassemblement Congolais pour la Democracie (RCD), que no pudo llegar a Kinshasa porque Kabila llamó en su ayuda a Angola, Namibia y Zimbabue. Los ejércitos de Ruanda, Uganda y Burundi se hicieron fuertes en el este del país, donde además del RCD crearon y entrenaron a otras milicias, como la Unión de Patriotas Congoleños (UPC), de Thomas Lubanga, que cometió numerosas atrocidades en la región del Ituri; o el Movimiento de Liberación del Congo (MLC), de Jean Pierre Bemba, entrenado por soldados ugandeses, que se hizo fuerte en la provincia de Equateur. Ambos señores de la guerra fueron juzgados por el Tribunal Penal Internacional de La Haya. Bemba, que había sido detenido y juzgado en 2008 por crímenes cometidos por sus milicias en la vecina República Centroafricana, fue puesto en libertad en 2016 después de interponer un recurso judicial que concluyó con la anulación de su anterior condena por crímenes de guerra y contra la humanidad.

❖ ❖ ❖

Las guerras nos arrebatan lo más importante de nuestras vidas: la capacidad de soñar.

Los congoleños somos un pueblo que ama la fiesta y la alegría. Durante aquellos años de extraordinaria tensión, dejamos de sonreír. Entrabas en un minibús y en seguida te percatabas de que nadie hablaba. Un silencio incómodo se impuso en nuestras vidas. Todos sabíamos que abundaban los espías, y cualquier comentario en un lugar público, por anodino que pareciera, podía volverse contra ti y hacerte terminar en un calabozo.

Una noche, los militares entraron a robar en la casa de nuestros vecinos. O sería mejor decir saquear. Irrumpían en la vivienda que se les antojaba para arramblar con todo, no solo dinero: muebles, vestidos, televisores, radios... Presenciabas cómo cargaban en el camión objetos que te habían acompañado toda tu vida y que, más allá de su valor real, representaban recuerdos de años felices que se esfumaban para siempre. En medio de aquella humillación, solo podías quedarte quieta y en silencio tragándote tu rabia y tu tristeza infinita esperando que terminaran pronto aquel pillaje y se fueran de una vez, dejándote con vida. Aquella noche, cuando los soldados se empleaban a fondo en saquear la casa de al lado, algunos jóvenes que vivían allí saltaron la tapia que separaba su recinto del nuestro y vinieron a esconderse en el patio. Pero los soldados los habían visto, vinieron detrás de ellos y, al entrar, empezaron a disparar como locos. Nos sacaron a todos afuera y encañonaron a mi madre, a la que amenazaron con matarla delante de todos. Después de varias horas que parecieron interminables, se marcharon. Nos dejaron atados a todos y nos amenazaron con regresar.

Al día siguiente, llegó el trabajador que se ocupaba del mantenimiento de nuestra casa y nos ayudó. Ya desatados, pero con el temor a cuándo sería la próxima vez que los soldados entraran a molestarnos, mi padre nos llamó a todos y dijo con convicción: «Mis hijas no pueden seguir aquí». También tenía miedo por mi hermano pequeño, porque en aquellos días los reclutamientos forzosos de jóvenes se habían convertido en moneda corriente.

Empezamos a considerar seriamente la posibilidad de salir del país. Era cuestión de supervivencia. Pero cuando ponderábamos los distintos países que podrían acogernos, las cosas se complicaban. Empezamos a examinar uno a uno a nuestros vecinos que, en principio, podían presentar menos complicaciones logísticas. ¿Uganda o Ruanda? Ni hablar. Ambos estaban en el origen del conflicto que azotaba nuestro país y me preguntaba si una persona como yo sería bienvenida allí. ¿Burundi? Sufría una cruel guerra civil desde 1993 y sería como saltar de la sartén para caer en el fuego. ¿República de Congo? Estaba sumida en una profunda crisis que llevó a una guerra entre el presidente Pascal Lissouba y el antiguo mandatario Denis Sassou-Nguesso —que eventualmente se impondría—. En cualquier caso, a los congoleños de Kinshasa nunca nos han mirado con buenos ojos en la capital vecina, Brazzaville, al otro lado del gran río, donde siempre nos han tratado como chivos expiatorios y etiquetado como delincuentes. ¿República Centroafricana? En 1996 y 1997 estallaron una serie de amotinamientos del Ejército en la capital, Bangui, que sobresaltaban a sus habitantes cada dos por tres. ¿Angola? Otro país que llevaba en guerra desde los años 60, un larguísimo conflicto que eventualmente duraría hasta 2002. Por si fuera poco, Angola había expulsado a millares de congoleños que residían en su territorio.

Qué triste es ser consciente de la poca solidaridad que existe entre países africanos vecinos. Además, en nuestra familia no teníamos parientes que pudieran acogernos en ninguna de estas naciones. Eliminadas estas posibilidades, había que pensar en lugares más lejanos, en Europa. Uno de mis hermanos estudiaba en Bélgica, y a todos nos pareció la opción más razonable. La cuestión era cómo dar el salto hasta allí, con lo difícil que era que te aceptaran en la frontera. Además, ¿dónde íbamos a conseguir la enorme cantidad de dinero necesaria para este viaje? Pero mi padre estaba determinado y no se lo pensó dos veces: decidió vender algunas de sus tierras para tener dinero suficiente con el que pagarme un billete de avión a Bruselas.

Por medio de algunos contactos, y tras pagar una cantidad bastante considerable, mi padre y uno de mis hermanos consiguieron un pasaporte y un visado a mi nombre, ambos falsos. Mientras esperábamos la fecha del viaje, metí los documentos y varios cientos de dólares en varias bolsas de plástico muy bien cerradas. Mi padre y yo enterramos nuestro «tesoro» en un lugar secreto bajo un árbol del patio, por si volvíamos a tener alguna visita inesperada de noche.

Finalmente, llegó el día de mi vuelo. Me daba cuenta de que intentar aquel viaje con documentos falsos y a un lugar lejano en el que no sabía cómo podía salir adelante era una empresa muy arriesgada que podía fracasar por cualquier nimiedad, pero quedarme en el país habría resultado una opción mucho peor. Mi padre, previsor, había negociado previamente de forma discreta y con métodos eficaces, propinas incluidas, con algunas personas que trabajaban en el aeropuerto para que pudiera pasar los controles sin problemas, lo que me facilitó la salida. Tanto en Kinshasa como en Bruselas estaba aterrorizada, pensando que la Policía de aquí o de allí podía descubrir que viajaba con documentos de viaje falsos, pero no sucedió nada. Cuando pasé el control de seguridad en Kinshasa, me volví para contemplar, fugazmente, el rostro de mi padre. Intenté, en vano, contener el llanto mientras pensaba que aquella podía ser la última vez que le viera. Atrás quedaba una infancia feliz y una juventud frustrada por una guerra sin sentido. Me había decidido a dar aquel paso. Al cruzar al otro lado, me di cuenta de que estaba sola en un viaje que iba a durar mucho más que unas horas de vuelo y al que me enfrentaba desde la más absoluta incertidumbre.

Solo me consolaba pensar que me encontraría con mi hermano, que estaría esperándome a la salida. Pero pronto se desvaneció esta esperanza. Mi sentimiento de soledad se multiplicó al llegar al aeropuerto de Bruselas y encontrarme con que no había nadie aguardándome. Albergaba también la esperanza de llegar a un sitio del que había oído que la gente vivía bien y se respetaban los derechos humanos. Pronto me daría también cuenta de que esta percepción se iba a desvanecer y me iba a encontrar con muchas decepciones. Estaba agotada y solo pude sacar fuerzas para montar en un autobús y llegar a casa de unos amigos de mi familia, donde caí rendida en la cama y dormí como no lo había hecho durante los últimos años, como si nunca quisiera despertarme de un sueño que intentaba borrar los años más amargos de mi vida.

Capítulo 4

PRIMEROS PASOS EN ESPAÑA

«Los seres humanos quieren volar, pero temen al vacío. No pueden vivir sin certezas. Por eso cambian el vuelo por jaulas. Las jaulas son el lugar donde viven las certezas».

FIODOR DOSTOIEVSKI

No llevaba ni tres días en Madrid, un lugar al que llegué sin conocer a nadie ni tener el más mínimo punto de referencia, pero podía considerarme muy afortunada. Cuando recordaba la angustia que viví en medio de la soledad inquietante de la estación de autobuses el día de mi llegada, o cuando me encontré sin dinero en el hotel y en cuestión de horas tuve la suerte de encontrarme con personas de buen corazón que me ofrecieron calor humano y cobijo, pensé que Dios nunca nos deja de su mano, como mi madre me decía siempre. Una asociación de la que no había oído hablar —y donde no me conocían de nada— me había abierto las puertas de un albergue donde, sin necesidad de pagar nada, tenía mis necesidades básicas cubiertas. Me habían dado incluso la oportunidad de realizar un curso de español. Pero lo más importante fue que desde el primer día empecé a tener buenos amigos en los que poder confiar.

Cuando llevaba una semana en Madrid, un día que estaba en Karibu para recibir orientación, me encontré con una agradable e inesperada sorpresa: la mujer que había encontrado en aquella iglesia de la calle Atocha dos días después de llegar a España y que, a pesar de no poder entenderse conmigo por la barrera del idioma, me trajo a Karibu, se presentó allí para saber qué había sido de mí. Cuando la vi, me quedé profundamente conmovida y la abracé por la humanidad de aquel detalle. Nuestra vida está tejida de acontecimientos y circunstancias que nos abren puertas escondidas. Si no hubiera sido por las personas que nos han llevado hasta su umbral nos habríamos quedado afuera, en medio del frío y de la oscuridad de un mundo a menudo muy cruel. Sin embargo, tengo la convicción de que todo forma parte de un plan providente y que nada sucede al azar. No tengo ninguna duda de que Dios puso a aquella mujer en mi camino, como un ángel guardián que me auxilió cuando más lo necesitaba. Al cabo de unos meses, cuando ya sabía español, pudimos hablar y entendernos. Se llamaba Merche. Si no me la hubiera encontrado, mi vida habría sido muy distinta. Sentí una enorme tristeza cuando falleció en 2015. Fue como si se hubiera marchado una madre.

Los voluntarios de la Asociación Karibu, especialmente el padre Antonio, que habían escuchado pacientemente mi historia, me aconsejaron vivamente que pidiera asilo y me explicaron con detalle los trámites por los que tendría que pasar para hacerlo. Según ellos, dada mi experiencia reciente en Congo, tenía motivos fundados para solicitarlo. Pidieron cita para mí, y cuando llegó el día, una de las voluntarias me acompañó hasta el lugar donde tenía que presentar la solicitud. Al llegar allí, unos pocos metros antes de acceder a la puerta de entrada, me quedé paralizada. Mi acompañante, que había ido a aquel lugar infinidad de veces y conocía a los funcionarios, no entendió qué me pasaba y dudó sobre cómo reaccionar. Era como si un rayo caído del cielo me hubiera inmovilizado. Tardé algunos minutos en poder articular palabra. La situación se volvió muy incómoda. Me resistía incluso a cruzar la calle para acercarme a la entrada de la oficina, y la voluntaria no sabía lo que sucedía. Finalmente, le expliqué que la presencia de policías a la entrada de aquel lugar me infundía temor. Más que temor, un pánico superior a mis fuerzas me invadía por completo. Sus pacientes explicaciones y sus repetidos intentos de tranquilizarme no sirvieron de nada. Insistí, machaconamente, en que no estaba dispuesta a entrar en un sitio donde hubiera agentes de policía y que quería marcharme de allí sin perder un solo minuto.

Mi acompañante, española, no podía entenderlo. Llevaba ya algo más de un mes en España y los recuerdos de mis detenciones en Kinshasa y los maltratos en los calabozos de la Policía congoleña estaban todavía muy presentes, día y noche, sin que consiguiera espantarlos, provocándome sudores fríos en medio de la noche. Cuando volé de Kinshasa a Bruselas, me tranquilizaba pensar en lo que mucha gente me había dicho: en Europa se respetaban los derechos humanos y la Policía no cometía abusos contra la población, sino que estaba a su servicio para garantizar su seguridad. Pero, como ya he contado, desperté de ese sueño nada más llegar a la capital belga, cuando escuché la noticia de la muerte de una centroafricana víctima del uso excesivo de la fuerza por parte de la Policía. Durante mis primeros meses en España, cada vez que iba por la calle y oía una sirena, ya fuera de la Policía o de una ambulancia, era como si se despertara dentro de mí un resorte escondido que cambiaba mi estado de ánimo en cuestión de segundos. Me invadía una sensación de pánico y echaba a correr. Y no digamos nada del escalofrío que sentía cuando oía el sonido de los petardos. Al mismo tiempo que frecuentaba las clases de español, había empezado a seguir tratamiento psicológico, y allí me explicaron que todo aquello eran reacciones normales –*flashbacks* los llamaba la psicóloga, aunque a veces se refería también a estrés postraumático–. Según me decía, mis reacciones tenían su origen en las experiencias dramáticas que había vivido y de las que, aunque me resultaran molestas, no tenía que preocuparme demasiado. Ella insistía en que desaparecerían con el tiempo.

Pero ¿cuánto tiempo tardarían en irse de mi vida esas reacciones de pánico? ¿Semanas? ¿Meses? ¿Años? Después de hablar de nuevo con la trabajadora social de Karibu, que derrochó conmigo una infinita paciencia, me decidí a pedir cita para solicitar asilo por segunda vez. Volví a darme cuenta de que estaba siendo demasiado optimista. Aún no había conseguido superar aquella barrera, que me parecía infranqueable. En esta segunda ocasión, me pareció que había conseguido tranquilizarme e incluso por el camino iba pensando que había superado el problema. Pero tardé poco en darme de bruces con la dura realidad. Nada más llegar al edificio me volví a quedar paralizada en cuanto vi a un policía en la entrada. De nuevo me negué en redondo a entrar. Como dicen en España, a la tercera va la vencida. Meses más tarde pedí una nueva cita y esa vez me acompañaron el padre Antonio e Isabel, la primera persona que me había recibido en Karibu. Entré con ella pensando que acceder al edificio significaba para mí un paso de gigante en la superación de mi trauma, y me senté en un despacho al que me invitaron a pasar. La entrevista fue larga. Enfrente de mí tenía a una persona que, con amabilidad, pero con firmeza y rigor, me lanzó infinidad de preguntas, demasiadas para una persona como yo, sumida en un estado de ánimo aún demasiado débil. Me costaba mucho recordar fechas y me confundía con frecuencia al intentar hilvanar acontecimientos por orden cronológico, cosa normal, por otra parte, en el caso de una persona como yo que había vivido experiencias traumáticas que se habían sucedido de forma inesperada, a gran velocidad, y habían golpeado los cimientos de mi vida sin darme tiempo a reconstruirla.

Años más tarde, cuando ya estaba asentada en España, empecé a colaborar en Karibu, ACCEM[2] y CEAR[3] para ayudar a otros africanos recién llegados que me recordaban las dificultades por las que yo misma había pasado. Presté mis servicios de intérprete para la Policía y conocí a algunos agentes, hombres y mujeres, que me parecieron excelentes personas y con quienes llegué a desarrollar una buena relación de amistad. ¡Quién me lo iba a decir entonces, cuando me quedaba paralizada cada vez que veía a alguien en uniforme, identificándolo como una amenaza para mi integridad!

---

[2] Organización no gubernamental especializada en el derecho de asilo y la protección internacional.
[3] Comisión Española de Ayuda al Refugiado.

A las personas como yo, que habíamos iniciado los trámites para la solicitud asilo, Cruz Roja Española nos ofrecía algo de asistencia financiera mensualmente para, por lo menos, cubrir algunas de nuestras necesidades más básicas. Esto, sumado a lo que me proporcionaba Karibu, me permitía vivir sin muchos agobios si me tomaba en serio poner límites rigurosamente al control de mis gastos. Durante los meses que siguieron, Cruz Roja me asignó a una trabajadora social que me ayudó mucho a recomponerme como persona. Se llamaba Ana, y durante el tiempo en que la traté me pareció que era la bondad y la amabilidad personificadas. Recuerdo que me dieron una tarjeta amarilla que acreditaba que era solicitante de asilo. Intenté ahorrar todo lo que pude y apenas gastaba nada porque pensaba en mi familia, pero aquel documento de identidad no nos permitía enviar dinero por Western Union ni por otras agencias de transferencia de divisas a nuestras familias. Si queríamos mandar algo, aunque fuera una pequeña cantidad, no teníamos más remedio que buscar a alguien con los papeles en regla en quien confiar y que pudiera hacerlo en nuestro lugar.

Fue entonces cuando sentí que mi vida podía tomar un giro de 180 grados para orientarme por un campo que nunca me había imaginado. Todo empezó un día en que llegó al albergue una chica que era también de Congo. Me animaron para que hablara con ella, la escuchara y le diera apoyo moral. Mi joven compatriota estaba abatida y apenas levantaba los ojos del suelo. Cuando finalmente se decidió a contarme la experiencia que había vivido, me quedé horrorizada. Había estado prisionera varios meses en un campo militar en Kisangani, donde había sufrido toda clase de abusos a manos de los soldados. Por si aquello no bastara, pocos días después de regresar a su casa, su poblado sufrió un ataque rebelde en el que todos los miembros de su familia fueron asesinados, incluido su bebé de pocos meses, al que machacaron a golpes en el suelo delante de ella. El hecho de asistir, horrorizada e impotente, a aquella cruel escena le destrozó en lo más profundo de su ser. Me contó su historia totalmente deshecha en lágrimas. Aquel día me di cuenta de que había personas que lo habían pasado mucho peor que yo y que tenía delante de mí la posibilidad de dedicar mis esfuerzos y mis cualidades a ayudarlas.

Al mismo tiempo, el padre Antonio, viendo los progresos que realizaba en el aprendizaje del español y teniendo en cuenta los estudios de Gestión que había cursado en mi país, me animó para que me formara en el mundo del trabajo social. Desde entonces, he cursado varios másteres en universidades españolas. Por aquel entonces, empecé a colaborar como voluntaria en Karibu, en el Servicio de Acogida y Orientación a los recién llegados, y también presté mis servicios como intérprete, tarea que descubrí que se me daba mucho mejor de lo que podía imaginar.

Todo parecía ir sobre ruedas y empezaba a sentirme mucho más animada. Pero entonces llegó un día fatídico en el que cayó sobre mí, como un mazazo, la peor noticia que podía esperar: me denegaron la solicitud de asilo. Intenté averiguar los motivos, pero la carta oficial que recibí, redactada en un frío lenguaje técnico, no los explicaba de forma clara, o por lo menos eso me parecía a mí. Cuando intenté indagar más, me explicaron que el motivo de la denegación era que supuestamente yo no había demostrado con pruebas fehacientes que mi país de origen era República Democrática de Congo. Me quedé paralizada y sin entender absolutamente nada. En Kinshasa, cuando me detenían en la calle y me preguntaban si era congoleña o extranjera, sentía una gran rabia dentro de mí. ¿Cómo podía alguien poner en cuestión mi identidad? Y ahora en España me preguntaban lo mismo. ¿Por qué dudaban de mi nacionalidad?

Es cierto que entre los solicitantes de asilo se han dado casos de personas que han mentido sobre su origen, pensando que de este modo iban a ser tomados en mejor consideración. Sé que algunos ciudadanos de países de África occidental, por ejemplo, alegaban falsamente ser de Liberia o de Sierra Leona cuando en estos dos países había guerra. A la hora de solicitar asilo, ocurría a menudo que ni siquiera sabían responder a preguntas como cuál era la capital de su país o a qué grupo étnico pertenecían. He conocido a angoleños que se han presentado como congoleños y viceversa. Es posible que, debido a estas experiencias, los que estudian los dosieres estén alerta ante posibles fraudes e intenten comprobar con métodos supuestamente razonables que las historias narradas por los solicitantes tienen consistencia, y también que la persona que alega persecución en su país es realmente originaria del lugar de donde dice que es. Pero algunos métodos de investigación son, por lo menos, cuestionables. Por ejemplo, te piden apoyar tus declaraciones con documentos oficiales, pero la realidad es que en muchos países africanos es muy difícil obtener un certificado de nacimiento. Incluso si tienes la suerte de contar con uno, cuando has vivido en una situación de guerra en la que te has visto obligado a huir es muy posible que hayas perdido los papeles originales.

Además de esto, siempre me ha llamado la atención el cariz de algunas de las preguntas que hacen en la entrevista a los solicitantes de asilo para comprobar su nacionalidad. A los congoleños, por ejemplo, nos solían preguntar por los nombres de los volcanes del Kivu, como si esa fuera la prueba fehaciente y definitiva que determinaba si uno que decía ser de Congo era realmente ciudadano de allí. Yo viví siempre en la provincia de Bandundu y en la capital, Kinshasa, lugares que se encuentran a unos 1.500 kilómetros de distancia del Kivu, donde la mayoría de las personas que venimos del oeste de Congo nunca hemos estado. He pensado muchas veces que algo parecido pasaría si preguntaran a un español sobre algunos lugares que forman parte de la geografía de su propio país. Durante la erupción del volcán en la isla canaria de La Palma, en 2021, recuerdo muy bien que había gente que confundía esa isla con la ciudad de Las Palmas de Gran Canaria o, incluso, con Palma de Mallorca.

A la hora de conceder o denegar solicitudes de asilo, no raramente pesan determinados criterios políticos difíciles de explicar, pero que resultan decisivos y al final cambian, para bien o para mal, el rumbo de la vida de una persona que ha huido de su país y a la que se niega la posibilidad de tener un futuro garantizado por la protección legal internacional. Durante aquellos años, a finales de los 90, el Ministerio de Asuntos

Exteriores español consideraba a República Democrática de Congo como un país muy peligroso. Cuando uno consultaba las recomendaciones de viaje en su página web oficial, desde la primera línea se desaconsejaba a los españoles viajar a Congo, insistiendo en que ninguna parte de su territorio podía considerarse como segura. Incluso se urgía a los que ya estaban allí a que consideraran seriamente abandonar el país. Sin embargo, por razones difíciles de entender, era muy raro que se concediera asilo a un solicitante congoleño, y eso que durante la llamada II Guerra del Congo distintas organizaciones humanitarias estimaron en cinco millones el número de personas muertas por causas directas o indirectas vinculadas al conflicto.

Me quedé en estado de *shock*. Sentí que todos mis esfuerzos habían sido en vano, pero en Karibu me animaron para que no arrojara la toalla. No tenía ganas de presentar un recurso, gestión que juzgué inútil, pero pensé que Karibu no me había defraudado nunca, y si insistía para que lo hiciera había, sin duda, una razón de peso. Al final me decidí y acepté presentarlo. En una época no muy lejana en la que no había los medios de comunicación instantáneos que tenemos ahora, como WhatsApp, contactar con mi familia para que me enviaran documentos que acreditaran mi nacionalidad congoleña no fue nada fácil. Con ayuda de algunas religiosas cuyas congregaciones tenían comunidades en el país, en Karibu me ayudaron a reforzar mi recurso con documentos que contenían información y argumentos sólidos.

Pasaban los meses y no tenía muy claro cuál era exactamente mi situación legal en España. Había días en los que me invadía el desánimo más absoluto porque, preguntando aquí y allí a personas que me parecía que estaban bien informadas, oía que una vez que te han denegado el asilo es muy raro que cambien de decisión cuando presentas un recurso. Me sentía en un limbo muy extraño que no me ofrecía ninguna tranquilidad, me dejaba en la cuerda floja y no auguraba nada bueno para mi futuro. Imaginaba que iban a detenerme en cualquier momento y a deportarme a mi país, donde me esperaba la muerte. Me di cuenta de que había entrado en un laberinto burocrático en el que subir cada peldaño costaba un esfuerzo enorme y donde nunca sabías si llegarías al final de la escalera. Quizás por encontrarme en este estado de ánimo –dominado por el desasosiego– volví a desarrollar hábitos tóxicos que creía haber superado ya, como salir corriendo cada vez que veía un coche de Policía en la calle.

Pero a veces, en la vida, a pesar de todo, te encuentras con sorpresas que llegan inesperadamente para llenarte de gozo. A los seis meses de haber presentado el recurso, me llegó la resolución: «Concedido por circunstancias excepcionales». De nuevo me quedé paralizada, pero esta vez de alegría. Creo recordar que citaban el artículo 17.2 de no sé qué estatuto. Tardé en creerme que había sido tan afortunada. Ya tenía los papeles que me permitían residir legalmente en España, además de trabajar e incluso viajar fuera del país. Se acabó ir andando por la calle mirando a todas partes por si me detenía un policía. Ya no tenía miedo de circular, ni nunca más lo volví a tener. Por fin, después de muchos años, empecé a disfrutar del sabor de la libertad.

Capítulo 5

El día que dejé de ser una «sin papeles»

«No hace falta mucho para convertirse en refugiado.
Su religión o su grupo étnico pueden ser suficientes».
ACNUR

Recuerdo que, hace ya bastantes años, esta frase se convirtió en el eslogan de una campaña lanzada por ACNUR, la agencia de Naciones Unidas para los Refugiados. Pienso que hoy sigue siendo relevante. Soy una de las muchas personas, millones de ellas, que un día tuvieron que salir de su país simplemente para poder seguir con vida. Me encontré en medio de una situación de riesgo grave para mi vida no por propia elección, sino por una guerra en cuyo origen no tuve nada que ver. En 2023, según ACNUR, en el mundo había unos 35 millones de refugiados, contando como tales a personas que han cruzado una frontera para escapar de guerras, persecuciones, violencias, violaciones de derechos humanos y otros acontecimientos que pusieron en riesgo su integridad física. Según la misma organización, a ellos hay que añadir otros 70 millones de personas, los desplazados internos, que por las mismas causas han huido de sus hogares, pero sin pasar a otro país, y han buscado protección –a veces muy relativa– en otras zonas de su lugar de origen consideradas más seguras. El número de personas obligadas a abandonar sus hogares para poder sobrevivir aumenta cada año. Participé en la campaña «Noland», organizada por Entreculturas, en la que se consideraba que la cantidad de refugiados que hay en el mundo equivaldría a la población de otro país si todos se juntaran.

Desde que llegué a España, he oído en numerosas ocasiones y a muchas personas expresar su inquietud porque su país está desbordado al acoger, según piensan ellos, un número desproporcionado de refugiados, sobre todo procedentes de países africanos, los más visibles sin duda por las imágenes de las pateras o de los intentos de acceso a través de las vallas de Ceuta o Melilla, servidas frecuentemente por la televisión. Hay incluso líderes políticos que hablan de «invasión», palabra que evoca sentimientos de amenaza y de miedo que terminan por estar a un paso de la xenofobia, o que expresan explícitamente el rechazo a quien aparece como diferente, sobre todo si es un «comensal» no deseado. Con los años, combinando mi propia experiencia con los estudios que he podido realizar, me ha llamado la atención que se suele ignorar un hecho de una gran importancia y perfectamente comprobable: la mayor parte de los africanos que salen de su país por distintos motivos, más del 80 por ciento, se desplazan a otro país africano. Se ha citado muchas veces el ejemplo de Uganda. Con 46 millones de habitantes en 2023, prácticamente la misma población que España, acogía a algo más de un millón de refugiados, sobre todo de Congo y de Sudán del Sur. Buscad las cifras oficiales de refugiados en España y comparad.

De acuerdo a los datos provisionales del Ministerio del Interior, a 30 de noviembre de 2023, en España se presentaron 152.250 solicitudes de asilo durante ese año. Superaban a las 119.240 que se recibieron en 2022. Una vez que consigues una cita en las oficinas de tramitación de asilo y refugio, te dan el documento que se conoce como «hoja blanca», que es una garantía de que no puedes ser expulsado de España hasta conocer la resolución de tu solicitud. Pero hasta ese momento no cuentas con ningún tipo de protección, y pueden pasar varios meses hasta que consigas una cita. Los que desean solicitar asilo pueden ser detenidos y expulsados, tienen muy limitados sus derechos fundamentales y no pueden viajar, trabajar ni acceder a ayudas sociales.

En 2023, el principal país de origen de los que solicitaron asilo en España fue Venezuela, seguido de Colombia y Perú. Durante ese año y el anterior se resolvieron favorablemente la gran mayoría de solicitudes de ciudadanos de Ucrania, generalmente en 24 horas. Las de personas procedentes de países africanos representaron una pequeña proporción y casi todas fueron denegadas.

España tiene que elaborar protocolos pensados para las mujeres migrantes en situación de vulnerabilidad y que incorporen variables culturales. Solo de este modo podrá construir una sociedad multicultural en la que a cada persona migrante se le dé la oportunidad de enriquecer la sociedad de acogida, independientemente de su situación administrativa.

Para la persona que no ha tenido que pasar por el trago amargo de verse obligada a escapar de su país y estar pendiente de que acepten su solicitud de asilo en otro lugar de acogida, es difícil imaginar cómo te cambia la vida en cuestión de un minuto cuando, al cabo de una espera de muchos meses, te llega una carta en la que, con un lenguaje muy técnico que tienes que escudriñar varias veces para estar segura de que no es una falsa ilusión, te comunican la resolución favorable. Cuando aquel día del año 2000 me concedieron el asilo, lo primero que pensé es que ya no era una «sin papeles». De la frustración y la incertidumbre pasé a la estabilidad y la confianza. Me sentí aliviada y protegida. He conocido a algunos africanos en España que, cuando les llega la notificación de que ya tienen papeles de residencia, organizan una fiesta por todo lo alto, con champán incluido, a pesar de sus escasos medios financieros, haciendo subir la moral a sus amigos que esperan la misma resolución.

Pero tener los papeles en regla era solo el primer paso. Necesitaba también valerme por mí misma y alcanzar una estabilidad económica. Seguí tres meses más alojada en el albergue de Karibu. Junto a una chica ruandesa, madre de dos niños pequeños y a la que también acababan de conceder el asilo, buscamos un piso. Al final, el hijo de una voluntaria de Karibu nos ofreció uno de su propiedad para que pudiéramos alquilarlo. Con lo que ambas ganábamos con nuestros trabajos –tareas que incluían dar cursos de alfabetización, realizar tareas de intérprete, cuidar personas mayores los fines de semana…–, podíamos permitirnos pagar el alquiler, sobre todo teniendo en cuenta que limitábamos nuestros gastos todo lo que podíamos. Yo, que trabajaba y guardaba sin descanso como una hormiguita, tenía ahorrado algo de dinero. Karibu nos ayudó como avalista y pagó la garantía y el primer mes, porque en aquel momento ninguna de las dos teníamos una nómina que pudiéramos presentar como salvoconducto que pudiera convencer al dueño del piso. Al final fuimos tres las inquilinas, ya que se unió a nosotras otra joven de Kenia.

Llevaba ya casi dos años aquí. Había estudiado español, además de cursos de atención al cliente, secretariado, administración y mediación intercultural, con prácticas en la Junta Municipal de Chamberí. Aproveché todas las oportunidades de aprendizaje que se cruzaron en mi camino. Como dije, había empezado también a colaborar como voluntaria en Karibu. Ganaba algo de dinero dando clases de francés y cuidando a personas mayores. El hecho de contar con el asilo obró en mí el milagro, no solo de abrirme numerosas puertas que hasta entonces habían estado cerradas, sino también de estimularme para dedicarme a actividades que siempre me habían generado el máximo interés y a las que parecía que no me había querido entregar por encontrarme insegura. En Karibu acababan de formar una coral de música religiosa y, sin pensármelo dos veces, me integré en ella. La música, sobre todo la que se canta en la iglesia, había formado parte de mi vida desde mi infancia. Nunca me había podido imaginar que en España un día podría entonar los cantos en lingala de la misa en rito zaireño, llenos de vida y ritmo. Estos temas, que te cambiaban el estado de ánimo en un minuto, me hicieron vibrar durante mi infancia y adolescencia como parte de una experiencia religiosa marcada por la alegría. En el año 2000, el del Gran Jubileo, fuimos a Santiago de Compostela a cantar en grandes celebraciones en las que participaron miles de personas venidas de todo el mundo. La Asociación fletó tres autobuses en los que fuimos 150 personas. Fueron cuatro días de una alegría desbordante, sin fin, que compensaron con creces tantos momentos pasados de amargura.

Un día, un grupo de mujeres africanas de varias nacionalidades que nos habíamos conocido en Karibu decidimos empezar a reunirnos con regularidad y pensamos que necesitábamos disponer de un espacio para nosotras. Tuvimos mucha suerte de contar con un local que nos dejaron unas monjas en la calle Luis de Góngora, en Chueca. Al principio se trataba solo de disponer de un espacio libre para encontrarnos de manera informal y hablar de nuestras cosas. Poco a poco, fueron surgiendo más ideas y aquel grupo se convirtió en el germen de un centro de aprendizaje de costura, cocina, manualidades... Karibu pensó en apoyarnos y nos preguntó qué nos parecería si contrataban a una persona para gestionar el Centro de Mujeres Inmigrantes Africanas. Lo aceptamos, y cuál no sería mi sorpresa al ver que me propusieron ese trabajo. Calibrando sus posibilidades económicas en aquel momento, pudieron ofrecerme un contrato semanal de 20 horas. Hasta entonces había realizado labores ocasionales aquí y allá, unas como voluntaria y otras pagada, sobre todo como intérprete para distintas entidades relacionadas con la inmigración, pero aquello se convirtió en mi primer contrato de trabajo en España. Delante de mí veía cómo se abrían, en una rápida sucesión, una puerta detrás de otra.

Poco a poco, intentamos poner orden en el Centro de Mujeres con listas de asistencia, horarios, logística para las clases de español, cocina o costura. Empezaba a disfrutar de una vida que podía considerar normal. Empezaba a sentir que era independiente y autosuficiente económicamente y vivía en un piso donde pagaba mi alquiler.

En España mi vida mejoraba cada día, empujada por vientos favorables. Pero no podía olvidar el lugar de donde había salido, y me di cuenta de que en mi interior sufría por no poder mantener un contacto regular con mi familia. Pasó un año antes de que recibiera la primera carta de mis padres, que seguían en Kinshasa. No lo había pensado hasta entonces, pero, una vez regularizada mi situación, nada me impedía viajar fuera de España, después de dos años de incertidumbre. Primero fui a Bélgica a ver a mi hermano. Hacía muchos años que no lo hacía, y cuando me encontré con él frente a frente no pude reprimir las lágrimas. Me harté de llorar mientras le abrazaba con fuerza. Durante horas, le conté todo. Mi hermano, tras escucharme, solo acertó a decirme que era una mujer fuerte, muy fuerte. Desde que era una niña, él fue siempre la persona de mi familia con quien había tenido más relación, una complicidad permanente, y en quien podía confiar mis problemas sin callarme nada.

Teníamos, además, una tía que también vivía en Bruselas, en el barrio de Matongé. Situado en la comuna de Ixelles, un lugar bastante céntrico, toma su nombre del barrio de la misma denominación que se encuentra en la comuna de Kalamu, en Kinshasa. Matongé es como un pequeño Congo en Bélgica, con sus calles que evocan el ambiente de la capital congoleña, con sus peluquerías afro, sus locales de transferencias de divisas, sus sastrerías, sus tiendas de productos africanos, sus bares, sus discotecas y sus restaurantes de comida rápida. Por sus aceras se pasean congoleños o africanos de otros países, en muchos casos vestidos de punta en blanco, con traje, pajarita de colores, sombrero, camisa bien planchada con gemelos..., siguiendo los cánones de elegancia conocidos en Congo como la SAPE, un acrónimo que equivale a «Sociedad de Personas y Ambientes Elegantes», toda una forma de vida –la «sapología»[4]– que nació en mi país en los años 60 y que ha sido popularizado por cantantes y otras figuras de relevancia pública.

Matongé se asemeja a otros barrios de mayoría africana en el corazón del viejo continente, como el Chateau Rouge de París o el Brixton londinense. Bruselas, como algunas capitales europeas, es una gran ciudad que alberga en su interior a muchas pequeñas ciudades habitadas por personas de distintas procedencias que han dejado su impronta en urbes cuyas identidades incluyen hoy, entre otras, a ciudadanos de origen africano y que nos recuerdan que el mundo es cada vez más redondo. Volví a comer los platos típicos de mi país, a sentarme en bares donde servían cervezas Primus y Turbo en botellas grandes, mientras sonaba a todo trapo la música de Papa Wemba, Koffi Olomide y Tshala Mwana. Parecen pequeños detalles sin importancia, pero la comida es la vida, la música levanta el ánimo, el ambiente –palabra que solo en Congo tie-

---

[4] Los individuos que practican esta forma de vida son conocidos como *sapeurs*.

ne un significado muy especial– te hace sentir deseos de hablar y reír con tus amigos sin prisa... Todo te trae recuerdos y te hace disfrutar de tu identidad.

Durante aquella primera visita a Bruselas, las comparaciones con España me resultaron inevitables y caí en la cuenta de algunas diferencias importantes. En Bélgica hay muchos miles de congoleños y otros africanos que viven y trabajan allí, perfectamente integrados, como profesionales. Bien situados y sin perder su identidad, se han insertado perfectamente en la sociedad de acogida. En Bélgica ves a africanos que son médicos, policías, profesores, conductores de autobuses, periodistas, funcionarios o consejeros municipales. En España no. Y si ves a alguno que ejerce una de esas profesiones o funciones, todavía sigue siendo un detalle anecdótico fuera de lo habitual. En España, muchos amigos africanos me decían: «¿Por qué estudias tanto? Si al final, vamos a terminar haciendo solo trabajos de mierda». Yo pensaba en todo esto y me rebelaba, repitiéndome a mí misma: «Yo voy a cambiar mi historia». España, a pesar de que se ha formado por el confluir de mil pueblos diferentes a lo largo de muchos siglos, todavía no ha terminado de aceptar que en el seno de su sociedad haya gente diferente a la que se considera española «de toda la vida». A un negro siempre le preguntarán de dónde es. Y si dices que eres de España, la gente no se quedará satisfecha con la explicación.

Por aquellos años me comunicaba con mis padres a través de cartas que tardaban bastante tiempo en llegar. Hablar por teléfono no era imposible, pero habría resultado muy caro. Un congoleño que tenía en su casa de Madrid una radio transmisora me facilitó el contacto con mi padre. Sentí una emoción muy especial al volver a escuchar, después de algunos años, la voz de *baba* Jerome, de mi madre, María... Desde entonces, pudimos hablarnos con más frecuencia sin que resultara gravoso para mi bolsillo.

En Congo, si vas a Europa, todo el mundo espera que mandes fotos tuyas posando en el Atomium de Bruselas o en la torre Eiffel de París. Yo ya había mandado a mis padres fotos delante de la catedral de Santiago de Compostela, en la plaza del Obradoiro. Es una pena que en África mucha gente no conozca bien la historia, ni la de su país ni mucho menos de Europa, porque Santiago de Compostela tiene mucha más identidad, tradición y raíces europeas que el Atomium, pero por desgracia es mucho menos conocida en Congo. Me da mucha pena cuando veo a africanos que están en la calle y se sacan fotos delante de coches de lujo o a la entrada de un hotel de cinco estrellas para mandárselas a sus familias y dar una idea falsa de cómo viven.

En mi caso, nunca he vivido con lujos, pero, gracias a Karibu, tampoco he pasado un solo día sin comer por muy mal que estuviera. Y, sobre todo, nunca me he encontrado sola. Tener amigos en los que poder confiar, sobre todo en tiempos difíciles, es la mayor riqueza.

Capítulo 6

MEDIADORA, INSPIRADORA Y REFERENTE

«Allí donde se han relacionado personas y grupos con idiomas, religiones, costumbres, estructuras organizativas y códigos dispares, ha surgido siempre la necesidad del intérprete o traductor y la oportunidad para mediar entre las partes y sus malentendidos, tratados y conflictos».

CARLOS GIMÉNEZ

—Buenos días, ¿doña Nicole Ndongala, por favor?

—Sí, soy yo. ¿En qué puedo ayudarle?

—Le llamo de la Maternidad de La Paz. Nos han recomendado contactar con usted como mediadora intercultural. Tenemos una mujer congoleña que está de parto. Han surgido complicaciones y necesita una cesárea. Ella insiste en que quiere dar a luz por vía natural, pero es muy arriesgado. Por favor, es muy urgente.

—No se preocupe. Ahora mismo voy.

No me equivoqué cuando hice el curso de mediadora intercultural en Madrid. Mi profesor, el catedrático Carlos Giménez, me dijo desde el primer momento que había visto en mí un don natural como mediadora, algo que nunca podía haber imaginado. He acudido en numerosas ocasiones a hospitales para que mujeres africanas acepten un tratamiento médico que se resistían a recibir. Sé perfectamente que en muchos lugares de África las mujeres están convencidas de que no dar a luz de forma natural es un signo de debilidad que atraerá sobre ellas las críticas de sus familiares y, tal vez incluso, una maldición venida de otro mundo que las perseguirá el resto de sus días. Por eso no me ha extrañado nunca cuando oigo que una africana se resiste a que se le practique una cesárea, porque sé que teme que la señalarán con el dedo y se la pondrá la etiqueta de no ser una buena madre. En aquella ocasión, como en otras, acudí con toda la celeridad que pude, hablé con mi compatriota y la convencí. No había pasado ni una hora desde mi llegada y la parturienta ya estaba en el quirófano. Al poco tiempo, la madre sonreía feliz con su bebé recién nacido en brazos.

¿Cómo lo hago? Nada especial: escucho con empatía, intento inspirar confianza y explico las cosas con paciencia, respondiendo con todo lujo de detalles a las preguntas que me formulan, sin dar nunca la impresión de que juzgo a la persona. Lo primero de todo, es necesario que la persona con la que vas a hablar se convenza de que estás de su parte y que quieres lo mejor para ella. La primera impresión es crucial. Alguien que se cierra en banda y se resiste a un tratamiento médico concreto se formará una opinión de si eres digna o no de su confianza en los primeros tres minutos de conversación, por lo que hay que causar una buena primera impresión. Y eso te tiene que salir con naturalidad, porque no vale fingir.

En el año 2000, cuando por fin me dieron los papeles de residencia, ya ayudaba en Karibu de forma altruista. El padre Antonio y algunas voluntarias que habían observado que pasaba muchas horas escuchando a inmigrantes recién llegados, sobre todo a mujeres, me aconsejaron que me apuntara a la Escuela de Mediación Intercultural que coordinaba el catedrático Carlos Giménez. Yo estaba entonces en el albergue, donde llegaban chicas africanas en situación de vulnerabilidad, y vi la necesidad de formarme para poder acompañarlas mejor. Cualquier persona que haya trabajado en el campo social con personas en situación de vulnerabilidad sabe perfectamente que la buena voluntad, con todo lo necesaria que es, no basta, y que si de verdad deseas ayudar hay que prestar los servicios de forma digna y profesional. Como se suele decir en el mundo de las oenegés, no es suficiente con hacer el bien, sino que además hay que hacer las cosas bien.

Por aquellas fechas pasaba también mucho tiempo en el espacio de la calle Luis de Góngora, en el barrio de Chueca, donde nos reuníamos aquel grupo de mujeres. En aquel local intercambiábamos información sobre trámites administrativos que necesitábamos, íbamos a clases de español, nos escuchábamos y apoyábamos mutuamente.

❖ ❖ ❖

—Buenas noches, ¿doña Nicole Ndongala, por favor?

—Soy yo, dígame.

—Le llamo del Hospital Ramón y Cajal. Tenemos a una mujer africana en un estado muy delicado de salud y necesita que le hagamos un análisis de sangre, pero se niega y está muy agitada. ¿Podría usted...?

He visto muchos casos parecidos. Cuántas veces, antes de venir a España, había oído decir en mi país, incluso a personas que podía considerar como bien informadas y educadas, que los blancos nos engañan con falsos argumentos con el fin de sacarnos la sangre y después venderla. En aquella ocasión, cuando acudí al hospital, hablé con la mujer, que era de Guinea. Estaba muy débil. No hablaba muy bien español y la comunicación con las enfermeras había resultado difícil. Respiró aliviada cuando pudo comunicarse conmigo en francés. En pocos minutos se estableció una empatía natural y antes de una hora aceptó que le realizaran la extracción. Con el paso de los años he intervenido en otros casos similares.

Cuando eres mediadora intercultural no se trata siempre de convencer a una persona extranjera con una mentalidad diferente a la española para que acepte un determinado tratamiento o protocolo. He realizado también tareas de mediación en la Administración, haciendo frente a situaciones en las que he tenido que emplearme a fondo para convencer a un funcionario español de que está exagerando, por decirlo de forma suave. El primer caso me llegó cuando aún estaba en la Escuela y me encontraba realizando prácticas en la Junta Municipal del distrito de Chamberí. Me llamaron para intervenir en el caso de una mujer africana que, seguramente cansada de enfrentarse a diario a tantos problemas y buscando una evasión, había bebido más de la cuenta y estaba en estado de embriaguez. Querían quitarle la patria potestad de su hijo. Expliqué a los responsables de los servicios sociales que, dada su situación de vulnerabilidad, era comprensible que aquella mujer tuviera un momento de debilidad y hubiera sucumbido a la tentación del alcohol, pero que eso no la convertía en una madre incapaz de hacerse cargo de su hijo. Al final, conseguí convencerlos para que le dieran otra oportunidad.

He realizado intervenciones de mediación intercultural en hospitales, en organismos públicos y también en centros escolares, donde he acompañado a madres africanas para facilitar el entendimiento con profesores, sobre todo con los tutores. En África las cosas funcionan de otra manera en el ámbito escolar, y no es extraño que bastantes inmigrantes africanas en España pasen por algún momento en el que no se entiendan con los docentes o con la dirección del colegio de sus hijos, o que se ofendan porque piensan que se las discrimina por su origen.

Pero también hay problemas, y muchos, de falta de entendimiento entre inmigrantes africanos y sus propios hijos, nacidos en España. Si hablamos de conflictos en el seno de la familia, con cierta frecuencia me he encontrado con casos de chicas adolescentes musulmanas a las que sus padres quieren casar con un hombre, generalmente bastante más mayor que ellas, por pura conveniencia. Naturalmente, en estas situaciones, insisto en que el matrimonio es una elección libre y que, si de verdad quieren a su hija, no pueden imponerla que se case contra su voluntad, y menos con un hombre al que ni siquiera conoce.

Cuando la gente sabe que eres mediadora, se pasa la voz y acuden a ti para contarte sus problemas, esperando que les puedas ayudar a resolverlos. Muchas vienen al Centro de Mujeres con problemas personales serios. Con relativa frecuencia, estas situaciones tienen que ver con rupturas familiares. En algunas ocasiones he conseguido convencer a la pareja en crisis para que sigan juntos, pero cuando he visto casos de violencia continuada contra una mujer por parte de un marido maltratador, he aconsejado el divorcio. Es muy difícil convencer a una mujer africana para que denuncie a su agresor, y tienes que explicar que aquí en España las cosas funcionan de forma muy distinta a como suceden en los países africanos. Les insisto en que pueden y deben aprovechar la circunstancia de vivir en un país donde se ha avanzado mucho en el campo de los derechos de las mujeres.

No todos los casos de mediación acaban bien. Es un trabajo que a veces puede ser gratificante, pero que con frecuencia genera muchas frustraciones y sinsabores. Me he encontrado con menores que se han escapado de casa y ni siquiera están dispuestos a darte el contacto de sus padres porque no quieren que hables con ellos. Cuando nos encontramos con casos de muchachas menores que han huido de sus hogares, no podemos acogerlas en el albergue. En una ocasión acudió a nuestro centro una joven de Guinea Ecuatorial que dijo tener 19 años. Nos contó una historia terrible y decidimos abrirle las puertas del albergue de Karibu. Pasó algún tiempo antes de darnos cuenta de que nos había mentido sobre su edad y, en realidad, tenía 17. Fue cuando ya llevaba dos meses allí. Un día apareció su padre gritando como un loco, insultándome y profiriendo todo tipo de amenazas.

Pero no siempre las voces van en la misma dirección: también he tenido que vivir situaciones en las que las amenazas partían de chicas a las que habíamos ayudado. Aunque son situaciones que te hacen pasar tragos muy amargos, en Karibu tenemos como norma no denunciar nunca a un usuario. Cuando nos encontramos con una persona que reacciona de forma agresiva, intentamos tranquilizarla por todos los medios y, modestia aparte, creo que es una tarea que se me da bastante bien, igual que la interpretación. De hecho, en 2001 la Policía Nacional me otorgó un diploma de reconocimiento por este trabajo.

Mientras tanto, me di cuenta de que el tiempo pasaba volando. Ya llevaba diez años en España y, después de mucho pensarlo, me decidí a solicitar la nacionalidad. Mirando atrás, fui consciente de que, cuando llegas, piensas que has venido huyendo de una situación que esperas que sea provisional y que, por lo tanto, te quedarás en España hasta que cambien las cosas y puedas regresar. Consideras que tu estancia aquí va a ser algo provisional, pero, según pasa el tiempo, te convences de que en tu país de origen –aunque no pierdas el contacto– nunca vas a tener un futuro. Me convencí de que tener la nacionalidad española podía abrirme muchas puertas que hasta entonces me estaban cerradas como poder opositar o viajar a otros países sin necesidad de pedir un visado, porque un pasaporte de cualquier país africano es muy débil. La nacionalidad agiliza muchos trámites burocráticos, te evita tener que estar siempre pendiente de renovar tu tarjeta de residencia y, sobre todo, cuando oyes algunos discursos políticos de sesgo xenófobo, que cada vez aumentan más en España, te protege, porque no sabes lo que puede pasar en un futuro tal vez no muy lejano. La nacionalidad no te deja en esa incertidumbre.

Al mismo tiempo, extrañaba Congo. Está a varios miles de kilómetros de España, pero la distancia no es solo física, sino también cultural y de mentalidad. Cada vez echaba más de menos sus sonidos, su color, su olor y, sobre todo, a las personas –familiares y amigos– que habían formado parte de los primeros años de mi vida. Los miles de kilómetros de distancia plasmados en el mapa se corresponden con separaciones que existen en el corazón, son como abismos a los que da miedo asomarse por el vértigo y el desasosiego que provocan los sentimientos más profundos.

Soy española, pero no por eso he renunciado a mi identidad congoleña. Una cosa es el nivel oficial y otro es el más hondo del corazón. Al obtener la nacionalidad, tuve que renunciar a ser ciudadana de mi país de origen, porque República Democrática de Congo no permite tener la doble nacionalidad.

En España empecé pasando las de Caín, pero es el país que me acogió cuando estaba al borde de la desesperación. Aquí he encontrado, además de seguridad y estabilidad, a personas que han entrado a formar parte de mi círculo familiar, que me han tendido la mano de forma sincera y me acompañan desde entonces. Las personas con las que me relaciono a diario en mi trabajo son voluntarios que se implican de corazón con las personas más vulnerables.

Y España me gusta, claro que sí, y mucho. Aquí hay paz y tranquilidad. Salí de Congo porque no las tenía, y aquí las encontré y las disfruto cada día. Solo la persona que ha vivido entre amenazas e inseguridad sin saber si va a terminar la noche con vida puede entenderlo.

Me gustan las pequeñas cosas de la vida cotidiana que te hacen disfrutar en distintos rincones de España, empezando por la comida. Me encantan la paella, el jamón... La tortilla de patatas estaba también en la lista de mis platos preferidos, pero hace años estuve ingresada en un hospital varios días y allí me atiborraron de ella. Salí convencida de que había comido suficiente cantidad de ese plato para el resto de mi vida, así que ya no está entre mis prioridades gastronómicas.

Me gusta la música española. Cuando era niña, en Congo escuchaba mucho, en francés, a Julio Iglesias. Sus canciones románticas son parte de mi juventud.

Me gustan los museos —sobre todo el Thyssen—, las bibliotecas y los teatros, que abundan en Madrid. Frecuento mucho los del Canal. Y cuando llega la Navidad disfruto paseando tranquilamente de noche por la capital, mientras contemplo con admiración las luces que adornan sus animadas calles.

A los congoleños nos encanta la música, pero eso no es obstáculo para que me guste también el silencio. En mi trabajo vivo sumergida en un mar de ruido y de estrés, al tener que atender todos los días a personas que vienen con problemas muy serios y de difícil solución. El silencio me permite meditar y escuchar mi voz interior. Necesito momentos para encontrarme conmigo misma, para descansar. Y en Madrid tengo mis rincones en los que puedo sumergirme en un silencio reparador.

Me gustan todos los rincones de España que he visitado. En julio de 2023 tuve la suerte de participar en una visita guiada a la catedral de Burgos. Había pasado antes por esta ciudad castellano-leonesa, pero nunca llegué a entrar en el templo. Me emocioné al pasear por sus naves, que se yerguen como testigos pétreos de muchos siglos de historia, al contemplar sus vidrieras, sus arcos, sus bajorrelieves y sus bóvedas, y me sentí transportada a otro nivel. Hay otros lugares que me encantan: los pueblos de Galicia, por cuyas callejuelas empedradas preñadas de encanto he paseado mientras la llovizna me golpeaba en la cara, pueblos que también he contemplado desde el mar surcando el litoral en barco a lo largo de las Rías Baixas. He estado varias veces en Canarias, sobre todo invitada por Casa África, en Las Palmas. Su emplazamiento geográfico, enfrente del continente africano, hace que personas como yo nos sintamos en casa en cuanto sentimos ese viento cálido que nos transporta a nuestro lugar de origen. He estado también varias veces en Alicante, uno de mis lugares favoritos para relajarme. La última vez, invitada por una buena amiga, me llevaron al castillo de Santa Bárbara. Fue una gratísima sorpresa contemplar aquellas vistas, tanto hacia el mar como hacia las montañas del Maigmó o del Cabeçó d'Or, que te quitan la respiración.

Madrid es mi ciudad y, como he oído decir muchas veces, es mucho Madrid. Me gusta pararme en la Puerta del Sol y mirar a la gente que pasa en todas direcciones. Es como si toda la humanidad desfilara por aquel lugar desde donde surgen algunas de las avenidas principales de la ciudad, plagadas de comercios donde encuentras de todo. Madrid está lleno de bares en los que te encuentras con los amigos y pasas muy buenos momentos. El centenario Casa Labra, detrás de la Puerta del Sol y al lado de la calle Preciados, es parada obligada para disfrutar de sus tajadas de bacalao cuando voy por el Centro con algo de tiempo. Y si tengo que elegir un restaurante, me encanta el etíope que hay en Malasaña. Son lugares donde cargar las pilas y desconectar del duro trabajo de todos los días. Para esto también me encanta perderme y pasear sin prisas ni rumbo fijo por las veredas del parque del Retiro y la Casa de Campo.

Y, claro, en Madrid –una gran ciudad que alberga muchas otras pequeñas ciudades reflejo de la multiculturalidad que se impone– busco lugares que me conecten con África. Me gusta ir por el barrio de Lavapiés. Y en Matadero, durante el verano, nos juntamos muchos africanos y organizamos reuniones entre sus distintas asociaciones.

Capítulo 7

VOLVER

*«Hay una verdadera crisis de entendimiento
de los asuntos africanos. En los medios de
comunicación, el mundo empresarial, las
universidades, la diplomacia... parece como
si África fuera el único continente sobre el que
cualquiera puede proclamarse experto».*

ACHILLE MBEMBE

*«Para poder sanar tus dolencias tienes que
volver al lugar donde fuiste herido».*

GAETAN KABASHA

En el patio de nuestro hogar, en Kinshasa, siempre hemos tenido plantas de mandioca que mi madre cultivaba cuidadosamente. También las vi crecer en todas las casas donde vivimos anteriormente. En Kinshasa, la gente aprovecha para plantarlas en cualquier espacio, en el interior y a la entrada de sus viviendas, y te las encuentras hasta en los parterres cercanos a las carreteras. La mandioca alimenta a muchos millones de congoleños. Comparada con otros cultivos, no da demasiado trabajo, pero hay que cuidarla bien, limpiando de hierbajos el terreno en el que crece, evitando plagas y removiendo bien la tierra para que esté siempre aireada. Una vez madura, se desentierran sus tubérculos, se pelan, se dejan en remojo durante varios días, se cortan, se machacan y se secan al sol hasta que pueden convertirse en la harina que, hábilmente cocinada, se transforma en fufú, la base de nuestra alimentación. Hay que tener una habilidad especial para sujetar la olla entre los pies y remover la masa caliente con un cucharón de madera hasta que toma la consistencia y la textura deseadas. También se puede procesar en unos bastoncillos blandos que, envueltos en hojas de banano, se conservan frescos durante bastante tiempo. Se llaman *chikwanga*, y es nuestra versión africana del *fast food.* Si no tienes tiempo para cocinar, los puedes comprar en la calle o en cualquier mercadillo y comértelos acompañados de trocitos de carne a la brasa que encuentras en las populares *chouateries* en las esquinas de las calles de cualquier barrio.

Pero la mandioca, generosa como es, no nos regala solo una masa de hidratos de carbono para proporcionarnos energía. Sus hojas verdes son una fuente inagotable de vitaminas y de hierro. Bien lavadas, troceadas y cocinadas con aceite de palma, se transforman en el *pundu*, un plato exquisito en el que mojas la bola de fufú, muy popular en la alimentación de los congoleños y de otros pueblos vecinos. En el este de mi país se llama *sombé,* el mismo nombre que recibe en Uganda. Un poco más al norte, en República Centroafricana, sus habitantes se vuelven locos por el *ngundja*, como se conoce el mismo plato en lengua sango. Tanto en República Centroafricana como en Congo, cuando llega la estación de las orugas, las populares *chenilles,* en julio y agosto, nos encanta añadir al *pundu* un buen puñado de estos suculentos insectos. El que puede permitirse algún buen trozo de carne de caza, generalmente ahumada, no encontrará nada más exquisito en este mundo. En África nos alimentamos de productos naturales, muy sabrosos. Son el fruto de nuestra tierra y no necesitan llevar ninguna etiqueta que certifique que son bio. Pero desde hace algunas décadas, dependemos cada vez más de alimentos importados, como el arroz o, sobre todo en los países francófonos, el pan, que cada vez cuesta más debido al alza del precio de la harina de trigo. El pollo criado en el patio de casa, en libertad, al que llamamos *poulet bicyclette,* de carne recia y jugosa, se hace cada vez más raro, además de muy caro, puesto que no puede competir en precio con los omnipresentes e insípidos pollos congelados traídos de Brasil. Este y otros productos se venden en los supermercados que invaden el espacio comercial y hacen una seria competencia a los mercados populares de toda la vida.

Por si fuera poco, en Kinshasa, como en todo Congo, a pesar de ser un país con numerosos ríos, comer pescado fresco suele ser un lujo al alcance de muy pocos. La salida del país al océano en la ciudad portuaria de Matadi no es suficiente para proporcionar especies capturadas en el mar a los consumidores congoleños. Desde hace mucho tiempo, el pescado más popular y barato es el *thomson,* un chicharro o jurel pescado en las costas de Namibia que, congelado, llega a las tiendas de alimentación de Kinshasa. Se suele preparar a la brasa o con algún tipo de salsa. Esta opción es la más socorrida cuando la familia es numerosa y hay que ingeniárselas para que una sola pieza pueda llenar el estómago de todos sus miembros.

La comida es la vida y también una fuente inagotable de recuerdos que brotan de lo más íntimo de nuestra existencia. La mandioca no es solo la bola de fufú que he comido desde que era una niña. Para mí, evoca también muchas tardes pasadas en el patio de casa con mi familia y mis vecinos pelando y cortando los tubérculos mientras contábamos historias o cotilleábamos sobre los eventos del barrio. Cada pueblo tiene unos platos típicos que forman parte de su identidad cultural. Por eso, los que hemos salido de nuestro país, cuando nos preguntan qué echamos más de menos, decimos siempre que nuestra familia… y nuestra comida. En Madrid, cada vez que he podido compartir viandas de mi país con algunos compatriotas, la ocasión ha sido un momento de una gran alegría. Estas ocasiones son raras, entre otras cosas porque encontrar productos frescos de mi tierra es imposible, a no ser que alguien que acaba de llegar de viaje con la maleta intacta los haya traído. Los ingredientes secos o congelados, disponibles en alguna de las raras tiendas en las que se venden productos africanos en Lavapiés o en Fuenlabrada, son caros y no siempre de buena calidad.

Echaba de menos a mi familia, a mis amigos en Congo…, sí, pero también mi comida, y ¿cómo explicarlo?, mi ambiente. Me daba cuenta de que, durante los años que llevaba en España, había alcanzado una primera meta después de mucho tiempo y esfuerzo. Ya tenía papeles, trabajo y una cierta estabilidad; podía decir, de algún modo, que estaba asentada aquí. Había cumplido una parte muy importante de mis sueños, aunque tenía, no obstante, que luchar cada día por mi propio sustento. Pero ¿qué familia española no tiene que hacer lo mismo? En África existe a menudo la percepción equivocada de que los europeos nadan en la abundancia o, como dicen en España, que atan los perros con longanizas, pero nada más lejos de la realidad. Y no pasó mucho tiempo antes de que pudiera darme cuenta de que, aunque los servicios públicos suelen ser de una calidad envidiable para los africanos, muchas familias se las ven y se las desean para llegar a fin de mes y salen adelante a base de mucho trabajo y sacrificio.

Lo que antes me parecía un sueño inalcanzable, se me presentó de repente como un camino abierto sin ningún tipo de barreras. ¿Por qué no ir de visita a mi país a ver a mis seres queridos? Hasta hacía muy poco tiempo, plantearme la posibilidad de un viaje así habría sido un sueño distante, pero ahora, casi de la noche a la mañana, no había nada que lo impidiera. Estos pensamientos me daban vueltas y me hacían sentir una gran alegría que me transportaba a las cimas de la euforia, aunque, al mismo tiempo, a veces me generaban rechazo. A pesar de que recordaba que tuve una infancia feliz en la que estuve rodeada de muchas personas que me quisieron y me seguían queriendo a pesar de la distancia, no podía dejar de pensar que en mi país vivía también gente que me había hecho mucho daño. También me preguntaba cómo me mirarían los amigos que, hasta hacía no mucho tiempo, habían formado parte de mi círculo más íntimo, y cómo encontraría el país que me vio nacer. Por las informaciones que me llegaban, tenía muy claro que estaba aún muy lejos de gozar de una situación estable.

Por fin me decidí. Viajé en agosto de 2002, cuatro años después de salir de Kinshasa. No sé por qué, pero cuando el avión aterrizó en el aeropuerto de N'Djili el corazón empezó a latirme muy fuerte. Me quedé sentada un buen rato en mi asiento, mientras el resto de pasajeros se afanaban por recoger sus equipajes de mano y prepararse para salir a toda prisa. A mí, en cambio, era como si un enorme peso me impidiera levantarme. Tardé en recoger mis pertenencias y bajar por la escalerilla. No sé por qué, pero empecé a temblar mientras esperaba delante de la cinta transportadora a que saliera mi maleta. Reviví todo el daño que me habían hecho pocos años antes y que me había dejado una huella invisible que estaba muy lejos de haberse borrado. Cuando recogí mi maleta, estallé en sollozos. Salí afuera, me encontré con mi padre y los dos nos fundimos en un largo abrazo. Sentía que *baba* Jerome estaba asustado al verme llorar. «No te preocupes, es la emoción del regreso», acerté a decir como excusa, aunque sospecho que no se lo creyó del todo.

Al llegar a mi casa volví a llorar, y esta vez sí fue de profunda emoción, al abrazar a mi madre. Sentía que me faltaban lágrimas para dar rienda suelta a tantos sentimientos largamente custodiados y rumiados en silencio durante años. El día de mi llegada fue un sábado. En la carretera que va del aeropuerto a la ciudad, aunque no es muy larga, siempre hay atascos, por lo que tardamos bastante tiempo en llegar. Mi padre y yo entramos en casa hacia las ocho de la tarde. Teníamos muchas, muchísimas cosas que contarnos y caímos rendidos en la cama a altas horas de la madrugada. Mi madre insistió en que al día siguiente, domingo, fuéramos a misa a nuestra parroquia, a la hora en que cantaba mi coral. Pasé toda la noche muy inquieta y apenas pude pegar ojo. Fuimos a la iglesia de Notre Dame de Grace, la parroquia universitaria, donde viví un emocionante reencuentro con muchos viejos amigos.

No fue la última vez que acudí a la que durante tantos años fue mi parroquia, puesto que pasé todo el mes de agosto en Kinshasa. En septiembre tenía que volver a España a trabajar.

Hacía pocos meses que el presidente Laurent Desiré Kabila había sido asesinado por uno de los jóvenes soldados de su guardia presidencial en circunstancias poco claras y el país ofrecía aún, en muchos aspectos, un ambiente de descontrol e incertidumbre. Aunque los congoleños solemos ser muy comunicativos y abiertos, hablar sobre cualquier tema que pudiera sonar a política, aunque fuera remotamente, era arriesgado y la gente, por lo que pudiera pasar, prefería guardarse para sí misma sus opiniones sobre cualquier asunto. Aun así, era fácil ver que la capital, aunque ya no reinaba en ella una inseguridad total como cuatro años antes, era como una gran olla en ebullición en la que se cocinaba un gran descontento que podía desbordarse en cualquier momento. Por suerte, el período de odio al extranjero que se expandió como una mancha de aceite dos años antes parecía haber desaparecido. Con Mobutu, a pesar de la corrupción y las desigualdades, el país ofrecía un aspecto de cierto orden. Los nuevos dirigentes eran antiguos rebeldes que habían accedido al poder por las armas. Algunos de ellos, incluido el nuevo presidente, Joseph Kabila, hijo del difunto mandatario, que había crecido en Tanzania, ni siquiera hablaban francés, ni mucho menos lingala. De hecho, durante casi un año no apareció en público para pronunciar discursos porque tuvo que dedicarse a fondo a aprender francés. Me di cuenta de los cambios que se habían producido y pensé que durante aquel mes de vacaciones me encontraba en una situación extraña, como si tuviera que aprender de nuevo a vivir en mi propio país.

Tal vez mis amigos y mis familiares pensaban que había cambiado mucho, pero yo sentía que era la misma de siempre. «Has cambiado mucho» es una frase que suele sonar en África como un reproche, no como un cumplido. Sin embargo, el hecho irrefutable era que ahora vivía en Europa y la mayor parte de mis amigos me miraban con otros ojos. Muchos pensaban que, por el mero hecho de residir allí, ya había entrado en algún club exclusivo de millonarios. Todos los días llegaban a mi casa numerosos visitantes, anunciados o no, y en medio de estos encuentros, casi siempre muy felices, también surgieron situaciones raras e incómodas, muchas veces inesperadas, porque una buena parte de mis visitas eran de personas que estaban convencidas de que yo les había traído un suministro inagotable de regalos caros y, sobre todo, dinero, mucho dinero. Entendí entonces por qué muchos africanos que viven en Europa se resisten a ir de vacaciones a su país, dan largas y, al final, van casi obligados, viven momentos de gran intranquilidad e intentan pasar allí el menor tiempo posible. La propuesta puede llegar a incomodarles y, cuando finalmente se deciden, la experiencia resulta en muchos casos una gran frustración que hace que a los pocos días se quieran marchar. En Madrid, pocos días antes de viajar, una amiga congoleña me había dado un pequeño paquete con fotos para su familia. Les llamé: «Tengo un paquete para vosotros de parte de vuestra hija». Acudieron sin tardanza, pero cuando lo abrieron y vieron que solo había fotografías, la mujer se enfadó, gritó y las tiró al suelo: «¿Tú te has pensado que yo voy a comer fotos?».

Hasta entonces no había caído en la cuenta de que, cuando estás en Europa, la familia que has dejado atrás en tu país te observa cuidadosamente. A distancia y tal vez sin decir nada, pero están pendientes de todos tus movimientos, y lo que no aciertan a ver se lo imaginan o se lo inventan. Están persuadidos de que tienes que llegar a las cumbres más altas del éxito. Es como si los africanos que hemos puesto el pie en un país europeo tuviéramos la obligación de triunfar, y no se dan cuenta de que primero tenemos que curar muchas heridas, al mismo tiempo que debemos enfrentarnos cada día a una sucesión interminable de nuevos problemas para los que apenas estamos preparados. No hay una historia única. Hay quienes se integran en pocos meses al llegar a un país europeo, mientras que otros tardan años y se mueven en una sucesión de altibajos. Los hay también que no llegan a adaptarse y terminan en el peor de los fracasos.

◈ ◈ ◈

Si en Kinshasa la situación era de una tensa calma, con un descontento que fluía como las aguas de un río subterráneo, en el este del país la guerra se resistía a llegar a su fin. Cuando finalmente se firmó la paz en 2003, tras arduas negociaciones en Sudáfrica, el país conoció una transición que parecía esperanzadora. Naciones Unidas envió la que ha sido hasta ahora la mayor misión internacional de mantenimiento de paz, llamada primero MONUC y desde 2010 MONUSCO, con una fuerza militar que siempre ha estado en torno a los 17.000 soldados[5]. En 2006 se celebraron las primeras elecciones supuestamente democráticas en 40 años, que fueron ganadas por Joseph Kabila en segunda vuelta frente a su rival, Jean Pierre Bemba, acaudalado hombre de negocios y antiguo señor de la guerra.

❖ ❖ ❖

Más allá de declaraciones políticas reivindicativas, la verdad era que la guerra, que había empezado en 1996, se había convertido en una verdadera rapiña sobre valiosos recursos naturales, sobre todo minerales. En el este de Congo se encuentran el 70 por ciento de las reservas mundiales del cobalto y más de un cuarto de las de coltán, componentes indispensables ambos en la industria electrónica de última generación. En esta guerra había milicias apoyadas por países extranjeros que obtenían buenos beneficios de este río revuelto, además de otros grupos armados extremistas y yihadistas.

El acuerdo de paz se firmó en 2003, pero la realidad en el terreno fue poco prometedora. Cinco años después, un nuevo grupo rebelde se hizo fuerte y amenazó con tomar la ciudad de Goma. Se hacían llamar Congreso Nacional para la Defensa del Pueblo

---

[5] En enero de 2024, la MONUSCO anunció su decisión de retirarse del país. La salida definitiva debería estar completada antes de finalizar ese año.

(CNDP) y estaba formado por tutsis –supuestamente congoleños, aunque entre sus filas había numerosos ruandeses– que decían sentirse amenazados por la presencia de los rebeldes hutus ruandeses de las Fuerzas Democráticas para la Liberación de Ruanda (FDLR). Su líder era el general Laurent Nkunda, un antiguo oficial del Ejército de Ruanda que posteriormente militó en el Reagrupamiento Congoleño para la Democracia (RCD), y su número dos era Bosco Ntaganda, antiguo lugarteniente de Thomas Lubanga. Sobre Ntaganda, conocido como Terminator, pesaba una orden de arresto del Tribunal Penal Internacional por crímenes de guerra. A finales de 2008, él mismo supervisó una masacre de cientos de personas en la localidad de Kiwanja, al norte de Goma.

Varios informes publicados por aquellas fechas acusaron al presidente ruandés, Paul Kagamé, de apoyar al CNDP. Como de costumbre, su Gobierno lo negó todo, pero finalmente, bajo presión internacional, Ruanda dio un giro inesperado al detener a Laurent Nkunda y ponerlo bajo arresto domiciliario en Kigali. El presidente Joseph Kabila, también bajo presión, negoció con el CNDP: sus milicianos se integraron en marzo de 2009 en el Ejército congoleño y participaron en operaciones militares contra los hutus del FDLR. Sin embargo, el CNDP se comportó como un ejército paralelo con su propia cadena de mando. Bosco Ntaganda, ascendido a general, se convirtió en el hombre que *de facto* gobernaba Kivu Norte y su capital, Goma, de casi un millón de habitantes, donde circulaba libremente a pesar de tener una orden internacional de arresto contra él. Desde allí, él y sus hombres controlaban el tráfico de minerales valiosos producidos en minas como las de Walikale, producción que luego salía en aviones hacia la vecina Ruanda para ser exportada a otros países.

En marzo de 2012 al presidente Joseph Kabila se le acabó la paciencia y empezó a trasladar a oficiales procedentes del CNDP a otras provincias del país. Varios de ellos, descontentos con esta medida, empezaron a desertar y se establecieron en zonas del parque Virunga, al norte de Goma, y en pueblos del fértil territorio de Masisi, uno de sus feudos tradicionales. Adoptaron un nuevo nombre, M23, en referencia a la fecha, 23 de marzo, en la que habían firmado su integración en el Ejército congoleño. Al mismo tiempo, debido a un conflicto interno en el seno de su movimiento, los rebeldes dijeron no tener nada que ver con Ntaganda y presentaron al coronel Sultani Makenga como su nuevo líder.

En noviembre de 2012, el M23, militarmente muy fuerte gracias al apoyo de Ruanda, ocupó Goma. El Ejército congoleño se había dado a la fuga unos días antes y los cascos azules de la MONUSCO no opusieron ninguna resistencia. Los medios internacionales prestaron poca atención a aquella invasión. Un periodista español que estaba en Goma durante aquellos días explicaba así en su página de Facebook este silencio: «Los periodistas sabemos que, en términos informativos, cien muertos palestinos valen por un muerto europeo, y en el caso de los africanos hay que multiplicar esta cifra al menos por diez». Dos días después, una vez ocupada Goma por los rebeldes, la Cruz Roja congoleña dijo haber recogido 62 cadáveres de las calles de la capital de la provincia de Kivu Norte. Seguramente pocos como para atraer la atención internacional.

El baño de sangre que todos temían no llegó finalmente a producirse, en parte por la presión de la diplomacia internacional. El Consejo de Seguridad de Naciones Unidas y la Unión Africana exigieron al M23 la retirada inmediata de Goma, y lo mismo hicieron los jefes de Estado de la zona, reunidos apresuradamente en Kampala (Uganda). El 1 de diciembre, los rebeldes abandonaron Sake y Goma en dirección norte, no sin antes haber saqueado todo lo que pudieron de los edificios públicos, desde vehículos o dinero hasta depósitos de minerales, y haber ejecutado selectivamente a personas críticas con su movimiento.

Otras zonas de Congo han seguido sufriendo la inseguridad causada por multitud de grupos rebeldes. Desde 2016, una nueva rebelión provocó el desplazamiento de cientos de miles de personas en la región de Kasái. En los alrededores de la ciudad de Beni, la guerrilla ugandesa islamista de las Fuerzas Democráticas Aliadas (ADF) ha realizado innumerables ataques que han causado miles de muertos, dejando a la población cada vez más traumatizada. La mayor parte de los habitantes de Congo siguen sumidos en la pobreza. Durante las dos primeras décadas del presente siglo, el país ha ocupado el poco envidiable puesto número 176 –de 189 países– del Índice de Desarrollo Humano (IDH). Para los congoleños de a pie, esto equivale a una renta per cápita de 400 dólares al año, lo que equivale a vivir poco más de un dólar al día.

A los pocos meses de su retirada de Goma, en noviembre de 2012, el M23 pareció entrar en caída libre, en parte porque Ruanda no tuvo más remedio que disminuir su apoyo al grupo ante la gran presión internacional. Bosco Ntaganda, acosado por la facción más poderosa de Sultani Makenga, optó por cruzar la frontera con Ruanda el 15 de marzo de 2013 y presentarse en la embajada de Estados Unidos en Kigali, donde pidió ser trasladado al Tribunal Penal Internacional. Tras ser juzgado en 2019, fue condenado a 30 años de prisión por crímenes de guerra y contra la humanidad. Tras unos años en los que parecía que el M23 era un mal recuerdo, en 2022, reagrupados, reorganizados y rearmados por Ruanda, volvieron a atacar las mismas zonas de Kivu Norte donde se habían hecho fuertes una década antes. Varios informes internacionales, incluyendo de Naciones Unidas, los acusan de masacres contra población civil en algunas de las zonas bajo su control. En 2023 se desplegó una fuerza multinacional de países de África del este que se retiró a finales de ese mismo año sin haber conseguido ningún resultado palpable.

A finales de 2018 se celebraron elecciones presidenciales y parlamentarias en República Democrática de Congo. Félix Tshisekedi se convirtió en el quinto presidente del país desde su independencia en 1960. El camino hacia los comicios fue muy accidentado. Según la Constitución, las elecciones tenían que haberse celebrado a finales de 2016, tras agotar el presidente Joseph Kabila sus dos mandatos. El Gobierno alegó razones técnicas para justificar los múltiples retrasos, aunque tanto los congoleños como los observadores internacionales no dudaron en ver un intento tras otro de Kabila por aferrarse a su cargo. Finalmente, con un retraso de dos años, los congoleños acudieron a las urnas el 30 de diciembre, una semana después de la fecha inicialmente prevista. Las encuestas preveían una fácil victoria del candidato opositor, Martin Fayulu. Pero, contra todo pronóstico, Tshisekedi «ganó» con el 38,57% de los sufragios, seguido de Fayulu con el 34%. La Iglesia católica, que contaba con 40.000 observadores, declaró que los resultados oficiales no coincidían con sus datos, que otorgaban a Fayulu el 60% de los votos, y pidió un nuevo recuento. La Unión Africana, en una reunión celebrada el 17 de enero de 2019, expresó sus «serias dudas sobre el resultado electoral», pidió la suspensión de la proclamación de los resultados y anunció el envío de una representación de alto nivel a Kinshasa. Pero el 20 de enero, cuando el Tribunal Constitucional ratificó los resultados, la Unión Africana se volvió atrás y decidió no enviar su delegación. Pocos días después, Tshisekedi juraba su cargo. Fayulu, que impugnó los resultados, no se encontró con las masivas protestas callejeras que esperaba, y la misma Iglesia católica –por medio de su influyente Comité Laico de Coordinación– decidió apartarse de la polémica para evitar males mayores.

❖ ❖ ❖

He vuelto a Congo más veces después de aquella primera visita de 2002. En la capital se levantan nuevas construcciones, hay unos cuantos hoteles de cinco estrellas y la avenida principal, Du 30 Juin, impresiona por su elegancia. También se ha desarrollado una clase social de nuevos ricos que habitan magníficas residencias rodeadas de altos muros en barrios residenciales exclusivos, bien custodiados por guardias de compañías privadas de seguridad e incluso por cámaras de vídeo por circuito cerrado. Pero si se entra en los barrios populares donde vive la inmensa mayoría de la población de Kinshasa, uno descubre la pobreza, la inseguridad y la falta de acceso a los servicios más básicos como el agua potable y la electricidad. A pesar de contar con las represas hidroeléctricas de Inga, situadas sobre el río Congo, que pueden alimentar de electricidad a toda la población sin problema, gran parte de la población sigue viviendo en la oscuridad. La miseria sigue siendo el pan cotidiano de quienes tienen que buscarse la vida día a día.

Cada vez que voy, nunca me olvido de llevar a mi padre una o dos botellas de aguardiente de hierbas hecho en Galicia. Dice que es lo más exquisito que ha probado en su vida, y lo guarda celosamente para las ocasiones especiales, cuando recibe a alguno de sus amigos más fieles. Cuando lo pone encima de la mesa, lo ofrece con una solemnidad casi religiosa, anunciando con un gran orgullo que se lo ha traído su hija de España.

Mi madre, en cierto modo, siempre ha sido más aventurera que mi padre, tal vez por su dilatado historial de mujer de negocios, y ha venido a visitarme a España tres veces –y estoy segura de que habrá más ocasiones–. Cada vez que esto sucede le invade una gran alegría por estar conmigo y con mis dos hermanos que viven en Bruselas, a quienes siempre vamos a visitar. Pero cuando está en España, no se ubica. Le falta su entorno. Cuando llega está radiante de alegría, pero a los pocos días ya tiene prisa por volverse. Le faltan sus árboles, su huerto, sus gallinas… La primera vez que vino fue en invierno y casi no salió por el frío. Me repetía una y otra vez: «En casa cojo mi esterilla, la pongo debajo del árbol y allí me quedo durante horas, tan a gusto». Cuando está en Madrid, llevo siempre a mi madre a una iglesia donde celebran la misa en francés, en la calle de Núñez de Balboa, pero siempre me dice que no es como en África, donde la gente al salir de la celebración se saluda, se pregunta por sus asuntos, se ríe, tiene tiempo de hablar… «Hija, aquí en Europa la gente siempre anda con prisa y no se conoce», me dice siempre.

En el patio de mi hogar, en Kinshasa, siguen creciendo, con sus altos tallos, las plantas de mandioca, el alimento que nos da la vida.

Capítulo 8

UNA PROPUESTA INESPERADA. GRACIAS A LA VIDA

> *«Los políticos nos quieren hacer adoptar su lenguaje en relación con la inmigración: hablan de la "inmigración ordenada" y dicen que se trata de una oportunidad para los africanos, un acuerdo "negociado entre los países de origen y los países de destino"... Suena hasta bonito. Pero la gran pregunta es: ¿negociada y ordenada por quién? Es un concepto unidireccional, ya que la inmigración solo se quiere "ordenar" cuando viene de África hacia Europa».*
>
> SANI LADAN

El centro de la calle Luis de Góngora había empezado a funcionar de forma bastante informal. Como ya he dicho, se trataba de un espacio donde las mujeres inmigrantes africanas podían encontrarse y pasar tiempo juntas hablando de sus problemas. Llegó un momento en que tomó una forma más estructurada, se oficializó, y en 2003 Karibu me nombró coordinadora del mismo, un título que en aquel momento me pareció bastante pomposo. El lugar pasó a llamarse Centro de Formación y Promoción de la Mujer Africana. Pronto se nos quedó pequeño y tuvimos la gran suerte de mudarnos a un local más grande en el barrio de Estrecho, cedido por el Movimiento Apostólico Seglar. Pocos años más tarde nos trasladamos a un edificio de la calle Geranios, en el barrio de la Ventilla, donde ocupamos la planta baja para las clases y las de arriba como albergue de Karibu para mujeres. El edificio fue cedido por los Espiritanos. Allí, el generoso espacio de sus aulas nos permitió realizar mejor las actividades.

Al convertirme en coordinadora del centro, ampliaron mi contrato, que pasó de 20 a 40 horas semanales. Ahora trabajaba mañana y tarde, de lunes a viernes, a jornada completa. Al mismo tiempo, cada vez llegaban más congoleños y la Oficina de Asilo necesitaba intérpretes, preferentemente mujeres. Muchas de mis compatriotas venían del este del país, donde la guerra seguía cebándose con la población con una inusitada crueldad. Compaginaba la coordinación del centro con la interpretación en la Oficina de Asilo, CEAR, la Comisión Católica de Migraciones..., pero también en juzgados, comisarías y hospitales.

El centro de mujeres iba viento en popa, con un sinfín de actividades. Teníamos clases de español, cursos de alfabetización, cocina, costura, trabajo doméstico... Muchas de las africanas que frecuentaban sus aulas, al terminar la formación aprovechaban la bolsa de empleo que teníamos y se colocaban en el servicio doméstico, lo que les permitió encontrar una estabilidad económica que antes no tenían. Aquel paso les cambiaba la vida por completo.

Pero no todo era de color rosa. En aquella época, principios de siglo, aún no existía la búsqueda de trabajo por Internet y utilizábamos mucho la revista *Segunda Mano*. Me pasaba horas escudriñando sus páginas para encontrar ofertas de empleo que pudieran interesar a las mujeres que estaban con nosotros.

Cuando seleccionaba las que me parecía que podían encajar mejor con nuestros perfiles profesionales, llamaba por teléfono. Me di cuenta de que al escuchar mi acento, muchas personas me colgaban el teléfono sin más explicaciones. Algunos me decían sin tapujos: «Este trabajo no es para inmigrantes». Otras veces llegábamos a un principio de acuerdo, pero cuando llegaba a la empresa o al particular que ofrecía el empleo, al verme a mí y a la candidata al puesto, ni siquiera nos dejaban entrar.

Trabajé 15 años en el Centro de Formación y Promoción de la Mujer Africana. Durante ese tiempo me encontré con perfiles de lo más variopinto: desde inmigrantes africanas analfabetas que nunca habían tenido la oportunidad de estudiar, hasta profesionales muy bien preparadas. Me siento orgullosa de nuestros logros. De nuestro centro han salido mujeres emprendedoras que han montado su propio negocio, e incluso algunas que ahora trabajan en embajadas. Otras han vuelto a sus países de origen, donde gracias a los conocimientos que han adquirido en nuestras aulas han creado sus propias empresas.

En 2018 recibí una propuesta inesperada. Un día me llamaron para convocarme a una reunión urgente de la junta directiva de Karibu. Allí estaban el presidente de la Asociación, Miguel López de Asián, y la vicepresidenta, Irene Sevilla. Sin tener ni idea de qué podía tratarse, acudí a la oficina lo más rápido que pude y tuve que asegurarme de que había escuchado bien cuando me dijeron que habían decidido proponerme como directora. El padre Antonio Díaz de Freijo había decidido dejar la dirección después de

28 años al frente de la Asociación. Llevaban ya varios años encomendándome cada vez más responsabilidades, pero nunca se me pasó por la cabeza que podían llegar a proponerme ser la directora de la Asociación que, unos años atrás, me acogió y me proporcionó cobijo y seguridad un día frío de otoño en el que me encontré perdida en una estación de autobuses de un país al que llegué sin conocer a nadie. Siempre he sido muy consciente de que llevaba siempre conmigo una inmensa deuda de gratitud y de que tenía que devolver a Karibu al menos una parte de lo que me había dado. Siempre he sido una mujer decidida, pero prudente, y tras agradecerles esa enorme muestra de confianza pedí un tiempo para pensármelo. Un mes después, acudí a la asamblea general que celebrábamos todos los años y, como era de esperar, volvieron a ponerme delante la propuesta. Había tenido suficiente tiempo para reflexionar y consultar. Esta vez dije que sí.

El padre Antonio es un gigante del trabajo humanitario que se ha dejado la piel por ayudar a los más necesitados durante muchos años, pero, en su caso, de forma muy callada, tal vez porque nunca ha buscado la proyección pública. En una ocasión oí a alguien describirle como «un Vicente Ferrer sin publicidad». Sacerdote de la Orden de la Merced, tras haber pasado 12 años trabajando como misionero en Burundi, colaboró durante un tiempo, en los años 80, en el centro de acogida a inmigrantes africanos conocido como La Casa de la Palabra, dependiente de la archidiócesis de Madrid. Alternaba esta tarea con la dirección de un piso de acogida para menores no acompañados solicitantes de asilo. En 1990, tras unos meses de conflicto interno que terminaron con el cierre del centro, y en una época en la que aumentó considerablemente la llegada de inmigrantes africanos a España, las Franciscanas de la Divina Pastora pusieron a disposición de algunos voluntarios que habían dejado La Casa de la Palabra un amplio local en la calle Santa Engracia, en el madrileño distrito de Chamberí. El centro tomó el nombre de Karibu, una palabra en lengua suajili que significa 'bienvenido'. Es imposible decir más en una sola palabra para expresar la filosofía y la orientación de un espacio que nació con vocación de ayudar a los inmigrantes africanos más necesitados y que, desde sus modestos comienzos en 1991, se convirtió en un punto de referencia para muchos de los que llegaban a Madrid huyendo de situaciones de guerra, pobreza y desesperación.

El padre Antonio siempre me pareció un hombre de acción. Derrochaba una energía extraordinaria y combinaba de manera admirable la capacidad de coordinar una institución que cada vez tenía más actividad y, al mismo tiempo, dedicar todo su tiempo a socorrer a una persona necesitada a la que acababa de conocer, como si fuera lo único que existiera en el mundo en aquel momento. Nunca fue un hombre dado a pronunciar discursos ni una estrella mediática, pero supo mantener, contra viento y marea, el prestigio de Karibu a base de inspirar confianza, asegurar donaciones y mantener contactos en distintas oficinas de diversas administraciones que fueron utilísimos para garantizar el buen funcionamiento de sus servicios. En un ejercicio de humildad poco común en personas que han estado en lo más alto de una asociación

y que la han levantado durante muchos años de trabajo titánico, cuando dejó la dirección siguió colaboran-
do, como un simple voluntario, como consultor y en el
programa de reparto de alimentos.

Al dar mis primeros pasos como directora de Karibu, por cuestión de prudencia le consulté bastante
para asegurarme de que mis primeras decisiones eran
correctas y para seguir una política de continuidad sin
sobresaltos. Al mismo tiempo, me di cuenta de que
los tiempos cambian y que, en consecuencia, Karibu
no podía seguir como hacía 30 años. Era necesario introducir cambios, y estaba convencida de que uno de
ellos era esforzarnos por visibilizar más lo que hacíamos. Era cuestión de seguir la misma línea, al mismo tiempo que innovábamos y mejorábamos lo que
hacíamos.

Una de los primeros cambios en los que me afa-
né fue asegurarme de que hubiera más africanos en la
junta directiva. Otro fue ampliar la política de buscar
subvenciones sin tener que depender exclusivamente
de donativos particulares para así poder funcionar de
forma más profesional. Para lograr este objetivo, uti-
licé al máximo los conocimientos y habilidades que
había adquirido durante mis años de estudios de Gestión y Administración de Empresas en la Universidad
en Kinshasa. Se trataba de desplegar al máximo las
posibilidades de organización y gestión que se pueden
utilizar para obtener mejores resultados en la cuenta
de beneficios de una empresa con ánimo de lucro...
o para ofrecer un mejor servicio a personas necesitadas en el contexto de una organización de carácter
altruista como Karibu. Empecé a utilizar los contactos

que había hecho durante años de personas que ahora tenían puestos clave en ministerios como el de Igualdad o en el Instituto de la Mujer. Tiré, sobre todo, de amistades.

Nunca en mi vida me he propuesto deconstruir, pero sí sumar e innovar, y esta línea pronto empezó a dar sus frutos. En 2018, Karibu tenía ocho personas contratadas, un número a todas luces insuficiente para los servicios que ofrecíamos. En 2023, los trabajadores pasaron a ser 23.

Desde 2018, Karibu ha mudado su cara. Los cambios cuestan, pero son necesarios para seguir el ritmo que nos imponen las transformaciones sociales. Tengo que decir que la Asociación me dejó la libertad necesaria para introducir las modificaciones que se me revelaron como necesarias.

Uno de los cambios más llamativos —y ajenos a nuestra voluntad— que hemos visto en Karibu durante los últimos años tiene que ver con el perfil de nuestros usuarios. No recuerdo muy bien en qué fechas, pero hubo un momento en el que llegaron a España inmigrantes africanos muy preparados profesionalmente, sobre todo procedentes de países como Camerún, Costa de Marfil y República Democrática de Congo, aunque por desgracia no encontraron las oportunidades que les hubieran permitido aportar sus capacidades a la sociedad española. Nuestro país no los supo aprovechar y muchos de ellos terminaron marchándose a otras naciones europeas, donde encajaron mejor. En Bélgica, Francia o Inglaterra sí te encuentras con profesionales cualificados africanos perfectamente integrados en sus sociedades, en las que encuentran mejores oportunidades. Dos de las razones que explican esta frustración tienen que ver con la enorme dificultad para convalidar títulos de universidades extranjeras y con la escasez de becas de estudio disponibles para inmigrantes o refugiados. Creo que el problema subyacente es que en la sociedad española sigue habiendo sentimientos, declarados o no, de desconfianza hacia el inmigrante. Incluso cuando nos quieren ayudar, nos han acostumbrado a aceptar cosas que otros han diseñado para nosotros, pero sin implicarnos y sin dejarnos participar en los procesos de planificación de soluciones a nuestros problemas. Según vayan aumentando los miembros de la segunda generación, posiblemente cambiará esta tendencia.

En otros casos han llegado africanos de países como Malí, Senegal o Guinea, muchos de ellos con muy poca formación o incluso iletrados, algunos de ellos para juntarse con sus familias. Al ser más vulnerables, necesitan respuestas urgentes a sus necesidades más elementales. No puedo negar que, en ocasiones, se ha tachado nuestro trabajo de asistencialismo. Cuando escucho esta palabra como reproche, pienso y digo que si una persona está en una situación de necesidad hay que asistirla, pero esto es solo un primer paso. A la vez, hay que apuntar hacia la integración. España puede beneficiarse, y mucho, de los inmigrantes. Una buena parte de ellos llegan, llegamos, con la mochila vacía, o sería mejor decir llena... de problemas. A mí me ayudaron a vaciar el lastre de los que arrastraba y que me parecían insuperables, y me la llenaron de oportunidades.

Cuando llegamos a España, aunque no tengamos casi nada, los africanos somos muy conscientes de que tenemos que ayudar a la familia, que se ha quedado en nuestros países de origen. Miles de ellas viven, incluso sobreviven, gracias a lo poco que podemos enviarles a final de cada mes. Las remesas se convierten en una garantía para poder construir una casa, enviar a los niños a estudiar... o simplemente para poder comer cada día. En cualquier ciudad africana, grande o pequeña, cada fin de mes hay largas colas en las oficinas de agencias de transferencia de dinero como Western Union o Money Gram. No se trata solo de enviar dinero a familias pobres, sino también a hogares de personas de una clase media que no deja de crecer. En muchos países africanos, los funcionarios pueden pasar varios meses sin cobrar sus salarios, y si no fuera por el dinero que les envían sus familiares en Europa, por poco que sea, no podrían salir adelante. Es la solidaridad africana, una solidaridad que nos mantiene fuertes y unidos, pero que, al mismo tiempo y siendo realistas, hace muy difícil que podamos ahorrar, porque enviamos a la familia la mitad de nuestros ingresos cuando estamos en un país europeo, y a final de mes nos volvemos a encontrar con nuestra cuenta corriente a cero.

Uno de los servicios prioritarios en Karibu desde sus comienzos ha sido el gabinete médico. Cubre una necesidad crucial, porque miles de africanos que se encuentran en situación irregular no tienen derecho a acceder a los servicios públicos en igualdad de condiciones que los españoles y que otros extranjeros que tienen sus papeles en regla. Si eres un «sin papeles», no tienes derecho a la tarjeta sanitaria. Para obtenerla tienes que presentar tu número de la seguridad social, al que un extranjero en situación irregular no tiene derecho.

El hecho de no poder tener en el bolsillo la tarjeta sanitaria es como si te dijeran que no tienes derecho a enfermar. No puedes pedir una cita en un centro público de salud. Si te encuentras en una situación crítica puedes acudir a urgencias de cualquier hospital de la seguridad social y nadie te negará la asistencia médica. Te atenderán, pero después te enviarán la factura. En Karibu hemos conocido casos de inmigrantes africanos que estaban durmiendo en la calle, han acudido a urgencias y, tras recibir el tratamiento correspondiente, les han enviado una factura médica de 18.000 euros.

Muchas de estas personas no tienen dinero en su cuenta corriente, si es que llegan a tener una. Cuando nos encontramos con casos así, los remitimos a los servicios sociales de los hospitales.

Intentar hacer frente a esta carencia requiere mucho esfuerzo e imaginación. Para empezar, en el local principal de Karibu tenemos un servicio médico todos los días, llevado adelante por médicos y enfermeros que trabajan de forma totalmente desinteresada. Este servicio se complementa con el de farmacia. Nos gastamos unos cinco o seis mil euros al mes en comprar medicamentos.

Por suerte, en España tenemos un servicio público de salud que asegura una asistencia humanitaria gratuita a personas en situaciones particularmente vulnerables. Por ejemplo, las mujeres embarazadas y los menores tienen derecho a esta asistencia médica, con independencia de su situación administrativa. Del mismo modo, un enfermo crónico, como un seropositivo, que esté en situación irregular recibirá regularmente sus medicamentos antirretrovirales. Negárselo sería firmarle la condena a una muerte segura.

Pero algunos casos de enfermos crónicos son más complicados y nos las tenemos que ver y desear para encontrar una solución. En una ocasión nos encontramos con una mujer africana en situación irregular que necesitaba sesiones de diálisis regularmente. Tuvimos que hacer un sinfín de malabarismos burocráticos, pero al final conseguimos que le trasplantaran un riñón. Parecía que habíamos ganado la batalla cuando su cuerpo rechazó el nuevo órgano. El nefrólogo nos dijo entonces que solo podía salvar la vida si encontraba un riñón de un donante vivo. Se ofreció su madre, que estaba en su país. Conseguimos que le dieran un visado por razones humanitarias, llegó a España y el trasplante se realizó de forma satisfactoria. Desde entonces, la mujer lleva una vida bastante normal, aunque tiene que seguir un tratamiento de forma regular. En Karibu le compramos los medicamentos que necesita. Nuestro servicio médico se los proporciona y le realiza el seguimiento.

Otros casos que necesitan una respuesta inmediata son los de mujeres que han sufrido violencia sexual o mutilación genital en sus países de origen. Para afrontar estos casos, tenemos convenios con algunos hospitales que las atiendan. Si les recetan algún medicamento, nos ocupamos de pagar los gastos correspondientes.

Por si no fuera suficiente, en el año 2020 llegó la CO-VID-19. Lo que empezó siendo un reto que parecía imposible de superar, acabó convirtiéndose en una oportunidad para dar una mejor respuesta a quienes tenían mayores problemas. Empezamos organizándonos para llevar alimentos y medicinas a familias necesitadas para las que el confinamiento se había convertido en una prueba muy dura. Gracias a un donativo particular, compramos seis tabletas para ayudar a algunos niños que no podían seguir sus clases *online* desde casa. No sabíamos qué criterio seguir para decidir a quiénes entregar los seis aparatos, y al final tuvimos la idea de organizar un concurso de fotografía utilizando sus teléfonos móviles. Se las entregamos a los ganadores, pero nos dimos cuenta de lo que suponía dar una tableta a un niño que tiene otros cinco o seis hermanos. Al final, hicimos una campaña de *crowdfunding* y conseguimos dinero para comprar muchas más. Llegamos a 156.

Pero no todos los niños tenían conexión a Internet en sus casas, por lo que tuvimos que buscar más dinero para facilitarles datos móviles. Fue una nueva puerta que se nos abrió y que ha facilitado una mejora en la educación de alumnos con pocas oportunidades. Lo que al principio comenzó como una iniciativa para dar respuesta a una situación de urgencia, se convirtió en una actividad de mejora educativa que sigue adelante, puesto que después de la pandemia en Karibu hemos continuado con la iniciativa de comprar tabletas a niños de familias migrantes africanas. Este programa, que ha sido posible gracias a subvenciones de empresas privadas, ha crecido de tal forma que ahora tenemos a dos personas contratadas que lo coordinan.

Capítulo 9

LOS RACISTAS SON LOS OTROS

*«Ser racista, xenófobo y supremacista está de moda,
tanto que el Diccionario de la Real Academia de la
Lengua Española va a incluir la última acepción,
porque las otras dos ya estaban. Es una moda política
que da votos en estos tiempos de crisis económica».*

RAMÓN LOBO

E*stimadas doctora X y enfermeras X, X:
Aunque con un sentimiento doloroso por el
fallecimiento de N, queremos agradecerles todos
los cuidados y el cariño que nuestra hermana ha recibido en sus últimos momentos.*

Han sido días difíciles, en los que N pasó por situaciones críticas, pero con los gestos de cercanía y empatía que le dieron, la han transmitido fuerza y serenidad para poder emprender el viaje hacia la eternidad con paz.

Seguro que N tenía muchos motivos para dar gracias por una larga lista de detalles que recibió personalmente de ustedes.

Queremos felicitarles, no solo por su trabajo, sino por la calidad humana y el trato con el que la atendieron.

Gracias también por la acogida a sus familiares y por facilitarles que pudieran acompañarla.

Afectuosamente,

La familia de N y la Asociación Karibu

N era una de las mujeres inmigrantes que atendimos en Karibu durante varios años. Falleció en Madrid víctima de una enfermedad incurable. Durante sus últimas semanas en paliativos del Hospital de Cruz Roja, el personal médico le prodigó una atención humana exquisita. Cuando se marchó de este mundo, escribimos esta carta para expresar nuestro reconocimiento. Sí, en España hay muchas personas que son un ejemplo vivo de respeto y consideración hacia los más vulnerables y que no hacen ninguna distinción entre «los de dentro» y «los de fuera».

Pero no todo el mundo tiene la misma actitud. Durante todos estos años, me han preguntado muchas veces: «¿Piensas que existe racismo en España?». Siempre respondo con un rotundo «sí». No tengo ninguna duda, aunque también hay que añadir y matizar que depende de con quién y cómo.

En España me he encontrado con mucha gente que me ha ayudado con una generosidad extraordinaria: me han solucionado problemas serios, me han pagado los estudios, me han devuelto la vida en los momentos más duros en los que me parecía que todo se acababa... Muchos africanos que han llegado a España en una situación parecida a la mía podrían, sin duda, contar historias positivas similares de trato humano y acogida.

Pero como profesional del trabajo social con inmigrantes, tengo que hablar también de la otra cara de la moneda, que también he visto demasiadas veces. El primer impacto me sacudió un día que iba por la calle con otras chicas africanas. De repente, un grupo de jóvenes que nos observaba a una cierta distancia empezó a burlarse de nosotras cantando la canción que hace algunos años era la sintonía de un anuncio del Cola Cao: «Yo soy aquel negrito del África tropical...». Desde entonces, me di cuenta que ciertos tratos que rozan el racismo eran más habituales de lo que yo hubiera podido pensar al principio. Son muchas las ocasiones en las que me he sentado en un vagón de metro al ver un asiento libre y la persona que estaba a mi lado se ha levantado como impulsada por un resorte, dando a entender de forma sutil pero clara, o incluso a veces de forma más explícita, que no estaba a gusto a mi lado.

Llevaba muy poco tiempo en España cuando empecé a tener la extraña sensación de que, en bastantes ocasiones, mucha gente me miraba de una forma que me resultaba difícil de describir, como si fuera un bicho raro. Quien no haya vivido una experiencia así no entenderá la incomodidad que una persona negra siente al hacer cosas tan cotidianas como andar por la calle y frecuentar lugares públicos. Me preguntaba si, quizá, iba mal vestida, peinada de forma extraña, si mis andares eran extravagantes...

No tengo ninguna duda cuando digo que las peores experiencias en las que he sentido el racismo más a flor de piel las he vivido como gestora del Centro de Formación de Mujeres Africanas cuando he ayudado a algunas de ellas a buscar una vivienda en alquiler o un puesto de trabajo. Ya he contado páginas atrás lo que me ocurría cuando leía la revista *Segunda Mano* y llamaba por teléfono para obtener más información por un anuncio de trabajo. En numerosas ocasiones, la persona al otro lado de la línea me preguntaba a bocajarro: «Oye, ¿tú eres negra?», frase que, por lo general, señalaba el fin de la conversación.

A la hora de buscar vivienda para mujeres africanas, las experiencias fueron similares. En España existe el estereotipo de que los africanos somos ruidosos y descuidados, que destrozamos –literalmente– la casa en la que vivimos, o que la llenamos de un montón de gente, convirtiéndola en un «piso patera». Casi siempre te piden requisitos que no solicitan a un español, como tener que firmar en el contrato de alquiler una cláusula que estipula que te comprometes a no deteriorar la vivienda o, incluso, que no vas a recibir visitas. En otros casos, algunos dueños de pisos se comportan de forma más sutil y te piden una fianza de varios meses con el objetivo de ponerte las cosas más difíciles para que te desanimes y abandones la idea. Detrás de estas acciones se esconde el prejuicio de que los negros somos personas ignorantes que no sabemos vivir con los demás y que siempre vamos a molestar a nuestros vecinos.

Hace unos años empecé a buscar un piso para comprar en propiedad. Tras informarme, llamé a una agencia inmobiliaria y me dieron cita para acudir a sus oficinas. Cuando llegué allí, la persona que me recibió me espetó: «¿Dónde está la persona que quiere comprar?». Cuando le dije que era yo, la agente me respondió: «¿Pero tú sabes que hay que dar una entrada?». Una pregunta así, en el primer contacto que tienes con la otra persona, te hace sentir una actitud de rechazo. No ha sido mi única experiencia con agencias inmobiliarias. En una de ellas llegaron incluso a pedirme el currículum. ¿A los españoles que quieren comprar un piso les piden también que detallen su recorrido académico, su experiencia laboral, idiomas y referencias profesionales?

En el mundo del trabajo no es poco habitual, de entrada, que te consideren inferior. No hace falta que te lo digan de forma directa. Recibes multitud de señales que te indican que es así, que los jefes parecen pensar que una persona negra que llega a su empresa no está capacitada y va a estropear las cosas. Puedes haber realizado estudios incluso con un nivel superior a tus jefes, pero es poco habitual que valoren tus competencias. Pensarán que solo puedes realizar tareas auxiliares o de categoría inferior. Al final, un día te echas las manos a la cabeza y no puedes evitar preguntarte qué has hecho para que te odien. Esto es muy diferente en otros países europeos, donde es habitual ver a personas negras empleadas en trabajos con proyección pública. En España esto es aún muy raro.

Estoy segura de que las personas que reciben a un negro de mala manera cuando va a buscar un piso o un empleo dirán que ellas no son racistas, sacando incluso la vieja excusa de «pero si yo incluso tengo amigos africanos...». Una de las primeras personas que hizo trabajos de campo en España sobre este tema, el profesor de Antropología Tomás Calvo Buezas, tituló uno de sus libros de forma muy gráfica: *Los racistas son los otros*. Así parecen pensar la gran mayoría de españoles, para los que la palabra «racismo» se relaciona con el Ku Klux Klan de Estados Unidos, el *apartheid* que existió en Sudáfrica o el tráfico de esclavos que durante siglos practicaron ingleses, holandeses, alemanes..., pero nunca España.

He vivido experiencias que han llegado a ser insultantes. En una ocasión entré en un bar con dos amigos. Los tres éramos africanos. Había poca gente dentro, pero aun así tardaron mucho en tomarnos nota. Me fijé en el camarero que estaba al tanto de las mesas y percibí en seguida que no le hizo ninguna gracia nuestra presencia. Al final, no tuvo más remedio que atendernos, de mala gana y sin ninguna amabilidad. Cuando salimos, el que nos había servido sacó el ambientador y pulverizó por todo el local. Ya en la calle, le oímos decir: «¡Esta gente huele fatal!».

En honor a la verdad, y para ser justos, hay que decir que en comparación con otros países, los casos extremos de racismo aún son pocos en España, aunque algunos de ellos han sido sangrantes. Han destacado dos: el del congoleño Miwa Buene Monake, que en 2007 quedó tetrapléjico tras recibir una cruel paliza por parte de un hombre que le increpó en la calle, en Alcalá de Henares, llamándole «negro de mierda», y el de la inmigrante dominicana Lucrecia Pérez Matos, el más grave hasta la fecha, asesinada por cuatro enmascarados en una discoteca de Aravaca en 1992, en un contexto de conflicto entre vecinos e inmigrantes del país caribeño que se reunían los fines de semana en los jardines de dicha localidad.

Si miro las cosas con la perspectiva que me da llevar algo más de dos décadas en España, mi impresión es que antes el racismo estaba presente de forma más disimulada, pero progresivamente el sistema ha fomentado su crecimiento, y en la tercera década del siglo parece que, incluso, se va normalizando, sobre todo debido a mensajes agresivos y abiertamente xenófobos —lanzados por algunos partidos políticos— que fomentan el odio al inmigrante, relacionando nuestra presencia en España con el aumento de la delincuencia.

❖ ❖ ❖

«Hoy un señor me ha dicho en el metro que me vaya a mi puto país por increparle después de que llamase "cerda negra" a una mujer en el vagón. 18:30 de la tarde, Goya. Una mujer negra ella, una mujer marroquí yo. Lo hace porque puede, porque miles de manifestantes gritan "palos a los moros" o "illa, las vallas a Melilla" y los que no gritan caminan en silencio al lado de ellos o restan importancia a unos "pocos locos". Esos son los grandes cómplices de la violencia. Un vagón entero callado, mientras dos mujeres extranjeras son violentadas. Qué caro le va a salir tanto racismo y violencia a España».

Leí este tuit, firmado por Noor Ammar Lamarty, una inmigrante marroquí residente en España, en noviembre de 2023, durante un período de gran efervescencia política en España en el que algunas fuerzas políticas utilizaban el miedo a una supuesta «invasión» de inmigrantes como arma arrojadiza. Comportamientos como los descritos por esta mujer dan la voz de alarma sobre cómo la xenofobia se abre paso, cada vez de forma más explícita, en España, y cómo la mayor parte de la gente mira para otro lado. Lo dijo Martin Luther King con una acertadísima frase: «No temo tanto las acciones de los malvados como al silencio de los buenos».

Me encontré con otro tuit, explícitamente racista, en enero de 2024. En una foto, varios hombres jóvenes negros, en un vagón de metro, miraban en dirección a la persona que había tomado la instantánea, acompañada de esta frase: «No sé si vosotras llegáis a casa solas y borrachas, pero yo llego a trabajar observada y acojonada».

Volviendo a la política, los líderes que asocian la inmigración con la delincuencia –normalmente sin aportar datos o a través de medias verdades, que a menudo son más peligrosas que las mentiras directas–, fomentan esta paranoia que se traduce en el miedo al inmigrante, sobre todo al que aparece como más diferente: el negro. Pero yo voy más allá de señalar a la extrema derecha. Seamos sinceros: todas las fuerzas políticas en España han llevado adelante protocolos de actuación que fomentan el racismo, como las devoluciones en caliente cuando entran inmigrantes de forma irregular, o la existencia de los Centros de Internamiento para Extranjeros, conocidos como CIE. No hace falta que incida en lo que tantas veces se ha subrayado: España parece haber olvidado que ella misma tiene un pasado aún muy reciente como país de emigración.

Creo que siempre ha existido racismo de una forma más o menos camuflada, pero ahora es más abierto. Cada vez más, mucha gente que antes hubiera sentido vergüenza de expresar exabruptos que pudieran sonar xenófobos, ahora se desinhibe y lanza mensajes de odio a los inmigrantes. Si hasta hace no mucho eran raros, ahora se van haciendo más frecuentes y calan en buena parte de la población. Puede que el porcentaje de racistas convencidos en la sociedad española sea aún muy pequeño. Puede incluso que, comparado con otros países, España sea globalmente menos racista, pero decir que en otros lugares es peor no es una excusa para desentendernos del problema. Con los racistas ocurre como con los pirómanos: un uno por ciento de personas a las que les gusta provocar incendios en una ciudad es un porcentaje muy pequeño, pero si las que forman ese uno por ciento están determinadas a hacer que ardan edificios, pueden hacer muchísimo daño.

Con el racismo, como con todos los males, hay distintas categorías. Sube de intensidad cuando se dirige a personas más vulnerables: si además de tener el color de tu piel negro eres mujer, y además pobre, al racismo se le une el machismo y la aporofobia. Para la persona que lo sufre una y otra vez, el racismo te puede hundir si no trabajas tu autoestima. Frena tu integración, aumenta el miedo y temes incluso preguntar en la calle si no encuentras una dirección.

Teníamos un niño de siete años que vivía en un piso de acogida de Karibu y volvía a su casa diciendo: «Mamá, en el colegio me llaman mono». Cuando su madre nos contó su caso, me entristeció pensar que, seguramente, la experiencia de ese niño sería solo el principio de una larga cadena de discriminación que se alargará hasta el final de sus días.

Pero en España parece que la percepción de la gran mayoría de la gente no ha cambiado: los racistas son los otros. Y, como dicen aquí, al que piensa así no hay quien le apee del burro.

Capítulo 10

¿DE VERDAD QUE MI VIDA PUEDE INTERESAR A ALGUIEN?

«Se nos educa en un modelo de sociedad dividida entre triunfadores y perdedores, como si los triunfadores fueran seres siempre completos y felices, y los perdedores un moco del infierno. Y eso es una estupidez. Todos triunfamos en algo, todos fracasamos en algo, no hay existencia sin frustración y, si no aprendemos a soportar el escozor del vivir, vamos fatal».

ROSA MONTERO

«Yo soy Nzako, la sirena más intrépida del río Inongo. Y tengo poderes, así que cuidado conmigo».

Así empieza *Penélopes*, una obra de teatro de la actriz y dramaturga española Carmen Soler basada en algunos de los episodios de mi vida. Conocí a Carmen a finales de 2010. No sé cómo oyó hablar de mí, pero contactó conmigo por medio de Karibu cuando me ocupaba del Centro de Mujeres Africanas en el barrio de Estrecho. Es una mujer de una cordialidad extraordinaria y desde el primer momento hubo química entre nosotras. Además, a mí, que siempre me ha gustado mucho leer, me cautivó su estilo evocador, la manera que tiene de jugar entre lo dicho y lo no dicho, el silencio, lo mágico y la creación de situaciones que combinan experiencias reales con relatos de fábula, servidos con un lenguaje exquisito.

«Me gusta Mama, porque ella siempre me acaricia con la mirada. Y me gusta hacer rabiar a mi abuela, reírme de los sapos y culebras que le salen de la boca y que huelen mal. Mi hermana y yo nos burlamos de su aliento, por eso cuando estamos cerca de ella nos tapamos la nariz, pero eso sí, abrimos bien los oídos porque en cada palabra suya hay una enseñanza... Me gusta despedirme del sol todas las tardes, me gusta el agua de lluvia... Pero lo que más me gusta en el mundo, lo que más, lo que más, lo que más... es cantar».

A veces pienso que solo soy una mujer, entre muchas otras, que fue víctima de la guerra y que se convirtió en un ser anónimo más en una larga cadena formada por las miles de personas que llegan a un país europeo sin nada, pasan por la experiencia de vivir sin papeles, dependientes de la caridad de los demás y sin destacar por nada en particular. Nunca pensé que mi vida pudiera interesar a alguien, y menos a una autora de teatro de renombre. Cuando leí los diálogos, me emocioné. Me pregunté si, de verdad, mi vida podía tener momentos como para inspirar una obra literaria cargada de poesía y con un gran colorido emocional. La obra se estrenó en Madrid, en La Casa Encendida.

–Puedo cantar en cuatro idiomas diferentes porque hablo kikongo, lingala, kikongo ya l'etat y francés.

Mi interlocutor, un misterioso personaje, me responde con un cumplido, al que sigue una profecía sobre un futuro que, cuando era una adolescente, nunca pude imaginar:

–Eres una niña muy lista.

–*No soy una niña, soy una sirena.*

–*Es verdad, eres Nzako, la sirena...*

–*¡La sirena más intrépida del río Inongo!*

–*Algún día hablarás una lengua más.*

–*¿Para qué? Ya son demasiadas.*

–*Tendrás que aprender el idioma de un lugar lejano. Pero para eso aún falta mucho tiempo. Será después de salir de Congo...*

El diálogo continuaba con mi protesta: yo nunca saldría de mi país. Así pensaba yo cuando era adolescente. Según nos hacemos mayores, descubrimos que la vida no está programada de forma inmutable y que, con el devenir de los años, nos lleva por senderos que nunca habíamos imaginado. Nos perdemos, nos desesperamos, encontramos el camino, nos volvemos a perder... y solo después de caer muchas veces y levantarnos otras tantas, a trancas y barrancas, nos damos cuenta de que todo ha tenido un sentido. Hemos llegado a unas alturas desde donde podemos contemplar ese tránsito con una perspectiva que nos hace ver que todo encaja perfectamente, como quien admira un hermoso paisaje desde una montaña después de haber sufrido durante varias horas de esforzado ascenso.

El puesto de directora de Karibu supuso para mí, entre otras cosas, tener una proyección pública que, en realidad, ya había empezado a formar parte de mi vida pocos años antes, cuando me ocupaba del centro de mujeres. La inmigración es un tema que, durante las últimas décadas, ha interesado cada vez más a la sociedad española. Además, numerosos periodistas, académicos, activistas de derechos humanos, pero también instituciones políticas y humanitarias, han optado por hacer una narración honesta y cabal basada en dar la palabra a los propios inmigrantes, entre los que buscan perfiles humanos que pueden inspirar. Lejos de mí querer figurar como un personaje subido en un pedestal, y mucho menos como una heroína, pero si mi experiencia puede ayudar a dar visibilidad a otras personas que llegan a España buscando una vida mejor, me siento muy feliz de poder contribuir a dar una visión justa de las cosas. No se trata solo de hablar de los problemas por los que pasamos los inmigrantes, sino –sobre todo– de dar otra imagen que vaya más allá del victimismo: el esfuerzo que ponemos por salir adelante y el valor añadido que aportamos a la sociedad que nos acoge. De repente, en España surgieron personas e instituciones que empezaron a buscar modelos de vida entre nosotros. Si tenemos en cuenta que desde algunos sectores hay voces que se alzan para señalarnos como delincuentes, invasores y portadores de amenazas, hay que agradecer que otras personas nos humanicen y reconozcan lo mucho de valor que hemos venido a ofrecer.

El primer reconocimiento público que recibí fue en 2014, como responsable del Área de la Mujer de la Asociación Karibu. Fue durante la sexta edición de los Premios Afrosocialista, cuya entrega tuvo lugar en las instalaciones del sindicato UGT. En ellos se reconoce a la comunidad afro de más relevancia a nivel español y europeo. Son unos premios que tienen como objetivo poner en valor la actividad social, política y cultural de los afrodescendientes, visibilizándolos y ofreciendo a la comunidad referentes en distintos ámbitos.

Seis años más tarde, en 2020, recibí el Premio a la Mujer Migrante del Año, otorgado por la Asociación Rumiñahui, en colaboración con Casa Árabe. Y dos años después, recogí en Cádiz el II Premio Ubuntu, otorgado por el Foro Internacional Euroafricano, que reconoce el liderazgo, la innovación y el progreso de los pueblos. Me encontré participando en un evento que reunía a líderes empresariales, sociales, políticos, culturales, deportivos y defensores de derechos humanos de África, América y Europa. Mi galardón fue en la categoría de Mujeres Líderes Sociales para la Defensa de los Derechos Humanos. En 2023, Karibu fue galardonada, junto a Carmen Sarmiento, como entidad que lucha contra la violencia de género en los VII Premios Francisca de Pedraza.

No soy la única mujer africana que ha recibido reconocimientos o distinciones públicas en España. Ni a mí ni a las otras nada de esto nos ha caído del cielo, sino que alcanzar este nivel ha sido a base de mucho esfuerzo y sacrificio. Para nuestras hermanas en España, creo que es una manera de ver que sí se puede, aunque hayas aterrizado en las circunstancias más desesperadas y hayas pasado las peores pruebas. A veces me he encontrado con otras mujeres inmigrantes africanas que me han dicho: «Quiero ser como tú». Yo les digo que no tengan miedo al fracaso. «Si yo he podido después de momentos de profunda desesperación, tú también puedes», les contesto.

Además de suponer un reconocimiento a una trayectoria personal de mujer luchadora, y a una labor que he podido llevar a cabo con el apoyo de muchos compañeros y compañeras de Karibu, estos galardones fueron para mí como un balón de oxígeno, me han dado fuerzas para continuar adelante, consolándome por los muchos momentos de frustraciones y sinsabores que he tenido en la vida. Eran impactos que duraban unas pocas horas, tal vez un día, pero una vez apagadas las luces del escenario y de regreso a las tareas cotidianas, me daba cuenta de que arrastraba una enorme fatiga acumulada y de que nunca había tenido tiempo para mí, ni mucho menos para desconectar. La ocasión de recibir una gran carga de energía me llegó en 2020, cuando un día recibí la llamada de una mujer que trabajaba en la embajada de Estados Unidos en Madrid, proponiéndome participar en el programa internacional de formación conocido como International Visitors Leadership Program, que organiza todos los años el Departamento de Estado estadounidense en distintos países, y cuyo objetivo es ofrecer una formación en liderazgo a personas que trabajan en la sociedad civil. La mujer me explicó que, entre los candidatos propuestos, les pareció que mi perfil encajaba muy bien para el tipo de personas que buscaban. Me pidió que les enviara mi currículum y me inscribieron. Cuando estábamos a punto de viajar, empezó la pandemia y las primeras 12 sesiones del curso las tuvimos que hacer *online*.

Varios meses después, pudimos viajar. Nuestro grupo estaba formado por 24 personas, sobre todo jóvenes emprendedores y líderes de varias organizaciones de la sociedad civil. Nos dieron la bienvenida en Washington y allí empezamos la formación, que tenía módulos de materias más formales, con contenidos sobre el liderazgo, y también una parte importante de intercambio de experiencias. Se desarrollaba en varias ciudades de Estados Unidos, lo cual me ofreció una valiosísima perspectiva de la inmigración en una nación que se ha formado durante largos períodos de tiempo integrando distintas oleadas de personas procedentes de distintas partes del mundo. Cada una de ellas ha aportado su cultura y su genio propios, integrándose en un solo país. Durante nuestra estancia en el estado de Florida, y también en Alburquerque (Nuevo México), visitamos varias entidades que trabajan con inmigrantes. En Ellis Island (Nueva York), muy cerca de la estatua de la Libertad, construida en 1886 como un regalo que Francia le hizo a Estados Unidos, realizamos una visita en la que nos explicaron que ese era el lugar donde arribaban los barcos llenos de inmigrantes de Europa a principios del siglo XX para recalar en las aduanas del río Hudson.

Se me hizo muy corto el tiempo que nos dieron para recorrer el Museo Nacional de la Emigración, un lugar en el que me habría quedado varios días si hubiera podido. Siempre he encontrado paralelismos y concordancias en todas las migraciones en cualquier parte del mundo. Allí empezó a forjarse el carácter de una sociedad que hasta hoy es profundamente multicultural, aunque no sin conflictos y resistencias, como sigue sucediendo en la actualidad en los países adonde llegamos los inmigrantes. Me conmovió particularmente la historia del millón y medio largo de irlandeses que arribaron a Estados Unidos a mediados del siglo XIX huyendo de la peste de la patata, que se cobró la vida de cientos de miles de personas en una hambruna sin precedentes. Los americanos conocidos como WASP (*white anglo-saxon protestants*, o 'blancos protestantes anglosajones'), que se consideraban a sí mismos como «nativos» porque habían llegado antes y tenían más derechos que los irlandeses migrantes, mostraron una gran hostilidad hacia estos últimos, discriminados en parte por su fe católica. Algunas bandas armadas callejeras actuaron contra ellos con violencia. Tampoco las autoridades les pusieron las cosas muy fáciles y dictaron leyes discriminatorias que incluían la prohibición de votar.

No me resisto a reproducir estos párrafos del libro *New York, New York*, del escritor Javier Reverte, sobre este lugar fascinante:

«La isla de Ellis fue la aduana más importante de Nueva York entre 1890 y 1954, tiempo en el que unos doce millones de personas emigraron de sus países a Estados Unidos. Eran días en que los europeos más pobres escapaban hacia América en busca de una nueva vida. Italianos, alemanes, irlandeses, suecos, judíos, rusos y austrohúngaros, armenios, franceses, rumanos, españoles y muchos otros de diversas patrias eran retenidos en Ellis en cuarentena: examinados médicamente, lo primero. Y también policial y políticamente. Fueron muy pocos los repatriados, apenas un dos por ciento, en general por razones de salud y por causas como los antecedentes penales y la militancia comunista o anarquista... La isla de Ellis ya no es aduana, sino un monumento al pasado y un museo. Simboliza lo mejor de América: la apertura a todos los credos y a todas las etnias; la creación de ese carácter neoyorquino tan diverso como rico. Y en cierto modo, representa también un poco lo peor: la certeza de que, si no eres políticamente correcto y sumiso, América te echa con una patada en el culo».

Los organizadores del curso nos mimaron y cuidaron de nosotros con una gran generosidad, organizando hasta el último detalle. Visitamos el Capitolio, la Casa Blanca, la NASA, la sede de Naciones Unidas... Una noche nos llevaron al Lincoln Center de Nueva York, un verdadero templo de la música donde se consagran las grandes estrellas. Me resulta difícil describir la emoción que sentí al asistir allí a un concierto de Tina Turner, una de las cantantes que llenó la vida de una persona como yo, una loca por la música desde mi infancia. Durante algo más de dos horas nos hizo vibrar con su ritmo imparable y su potente voz, nada menos que a sus 80 años.

Desde el principio asumí que este programa era un regalo caído del cielo que tenía que aprovechar al máximo. A mi regreso a España, intenté poner en práctica algunas de las nuevas ideas que aprendí en el mismo. Una de ellas fue cómo afrontar el duelo migratorio. Yo, que tanto he llorado en mi vida, me di cuenta por primera vez de que llorar y lamentarse es parte de nuestra existencia. En cierto modo, todos tenemos derecho al malestar. A veces los inmigrantes pasan por un momento durísimo cuando pierden a un ser querido en su país de origen y, por distintas razones como no tener los papeles en regla o no contar con el dinero suficiente para pagar el pasaje, no pueden viajar para ir al funeral. La realidad es aún peor cuando, por una situación económica muy precaria, ni siquiera pueden contribuir a pagar los gastos del entierro, que tiene que afrontar la familia. En África esto se siente como una enorme desgracia. Para dar respuesta a esta necesidad, en Karibu decidimos organizar talleres que llamamos de «duelo migratorio», impartidos por una psicóloga con gran competencia.

Durante los últimos años, las solicitudes para participar en simposios, talleres y cursos han aumentado, y actualmente suelo dar entre 40 y 50 conferencias al año sobre diversos temas: inmigración, trata de seres humanos, mutilación genital femenina, violencia de género, menores no reconocidos, etcétera.

Uno de los eventos más significativos en los que he participado tuvo lugar en Dakar (Senegal), en febrero 2023. Fue la presentación del documental *Manzanas, pollos y quimeras*. El estreno estuvo organizado por la Fundación Mujeres por África, que tiene un espacio propio en el Instituto Cervantes de la capital senegalesa. En ese trabajo, realizado por Inés París, se intercalan experiencias personales de varias mujeres africanas, con distintos perfiles, que viven en España: una refugiada que huyó de la guerra en Burundi, una empresaria camerunesa, una trabajadora de Malí, una pareja de Benín, una deportista y yo misma. El llamativo título del trabajo de París toma su nombre de una frase pronunciada por una de las protagonistas, que afirma que viajó a España porque una amiga de su país le había contado que aquí nadie pasaba hambre porque las manzanas de los frutales españoles eran enormes, que los pollos corrían en libertad por la Gran Vía madrileña y que cualquiera podía coger los que quisiera para prepararse la comida del día.

Por gracioso que un detalle anecdótico como este pueda parecer, es una pena constatar que al mismo tiempo que hay africanos que dejan su país por verdadera necesidad, otros deciden emigrar a España por tener una idea muy equivocada de lo que se van a encontrar aquí. Durante mi estancia en Senegal hablé con mujeres de allí para alertarles sobre los peligros que conlleva emprender un viaje a Europa en patera o atravesando el desierto. Soy muy consciente de que es difícil para la gente que vive en países como Senegal comprender que llegar a Europa, en muchas ocasiones, no es sinónimo de éxito y que te puede incluso costar la vida.

El punto álgido de nuestra visita a Senegal fue una excursión a la isla de Gorea, desde donde salieron hacia América, durante varios siglos, barcos cargados de esclavos africanos, muchos de los cuales murieron durante el camino. Cuando entré allí no pude evitar llorar. Mirando al horizonte que se extendía delante de mí en el océano, desde los muros de aquella fortaleza, me imaginé el inmenso dolor de los millones de africanos que fueron arrancados de su tierra para ir a terminar sus días de forma miserable como esclavos en las plantaciones del Nuevo Mundo.

Capítulo 11

Aquí no tenemos días normales

«A veces sentimos que lo que hacemos es tan solo una gota en el océano, pero el océano sería menos si faltara esa gota».

Teresa de Calcuta

Desde que trabajo en Karibu como directora, mi horario oficial es de lunes a viernes, de ocho de la mañana a seis de la tarde, con una hora y media de pausa, que suele ser entre las dos y media y las cuatro. Eso en un día normal, aunque he terminado por convencerme de que aquí es muy raro que tengamos «días normales».

Hoy, sábado, por la mañana, se supone que es un día de descanso, pero estoy dando un curso sobre igualdad y proceso migratorio en un municipio madrileño. A la hora de comer tengo que atender a un periodista que está escribiendo un libro sobre inmigración africana en España, y para encontrarme con él tendré que trasladarme a la otra punta de Madrid. Por la tarde acudiré al entierro de un congoleño que falleció hace pocos días. Soy consciente de que tengo que mantener el vínculo con mis compatriotas, personal de la embajada incluido, y este es un ejercicio que no solo me hace bien a mí, sino que en cierto modo forma parte de lo que podríamos llamar las «relaciones públicas» de Karibu. Mañana domingo aún no sé de dónde voy a sacar el tiempo para acudir al estudio de Televisión Española en el que tengo que grabar una entrevista sobre una iniciativa que hemos empezado sobre facilitadoras comunitarias.

Si las cosas pueden ser así un fin de semana, qué decir de lunes a viernes. Hace tres días que estuve toda la mañana ocupada en una reunión con la Fundación Caixabank, de donde salí a toda prisa para llegar a tiempo a un acto público, celebrado en el Congreso de los Diputados, sobre el Día Internacional de la Cultura Afrodescendiente. Dentro de poco tendré que participar en una campaña a favor de la tolerancia cero frente a la mutilación genital femenina, un tema muy presente en algunos círculos de inmigrantes de África occidental. No soy, ni mucho menos, la única que se encuentra en esta espiral de intensa actividad. Después de todo, recibo un sueldo por el trabajo que hago, pero los voluntarios que entregan su tiempo y sus energías en Karibu realizan su actividad gratis. Admiro a los que sacrifican un sábado para acudir a una reunión y programar mejor las cosas para ofrecer un servicio de calidad dejando a un lado un tiempo precioso en el que tendrían todo el derecho del mundo a descansar.

En nuestra asociación, aunque cada día es un no parar, no estamos sumergidos en el caos. Este rosario de actividades me llena y mucho. Soy muy consciente de que en medio de reuniones, presentaciones y a veces viajes, mi primera responsabilidad es acompañar a las personas que han llegado a España buscando una vida mejor o simplemente intentando sobrevivir.

A eso tengo que dedicarle el tiempo necesario. Pongo todo el empeño posible en escuchar de forma activa, empática, poniéndome en el lugar de la persona que tengo enfrente. Siempre que tengo a alguien recién llegado que me cuenta sus dificultades, me acuerdo muy bien de que hace algunos años yo estaba en una situación muy parecida, por lo que puedo entender perfectamente cómo se siente y lo que más necesita. Si mi interlocutor se da cuenta de ello en los primeros minutos del encuentro, si percibe que de verdad te preocupas por él, se crea un vínculo que hace que se convierta en parte de tu vida.

En estos momentos me doy cuenta de que el inmigrante llega con fuerza, sueños e ilusión, pero en muchas ocasiones la sociedad de acogida le hace perder esta energía inicial. Es cierto que las mujeres africanas inmigrantes sufren mucho, pero tienen ciertas ventajas que les hacen poder salir adelante, como una mayor facilidad para conseguir trabajo en el servicio doméstico. A veces nos olvidamos de que los hombres africanos también sufren. En nuestro continente, el hombre es el faro de su familia. Puede que sea autoritario –casi todos los hombres africanos, en mayor o menor medida, lo son–, pero llevan mucha carga dentro y fuera de sus países de origen. Cuando llegan aquí, si tienen suerte y consiguen un trabajo, casi siempre será en la construcción o en tareas agrícolas muy duras. Esto sucede incluso con hombres que han llegado con un título universitario, lo que genera problemas de salud mental. En el caso de las familias, el mercado laboral muchas veces impone la separación, y esto no es sano.

Cuando atraviesas la puerta de nuestra sede en la calle Santa Engracia, a la derecha te encuentras con un mostrador tras el que algunos voluntarios ofrecen la primera acogida. Subes las escaleras y en el piso de arriba tenemos la administración, el servicio jurídico –dos abogados contratados y siete voluntarios, uno de los cuales lleva ya 35 años con nosotros– y la bolsa de empleo. En una sala más reservada funciona el servicio médico por la mañana y por la tarde. En todos estos servicios tenemos equipos de voluntarios que, en muchos casos, han trabajado en África como misioneros o cooperantes. Entre todos manejamos un conjunto de idiomas nada despreciable. En nuestro local puedes encontrar contratados y voluntarios que, sumados a sus competencias, hablan inglés, francés, portugués, árabe, wolof, mandinga, bambara, fang, lingala, suajili, kikongo, miná y un largo etcétera de idiomas. Además, entre los voluntarios tenemos jóvenes españoles afrodescendientes. Contamos con un servicio de protección para demandantes de asilo que ofrece asistencia y orientación. En él no ponemos límites y acogemos a personas de cualquier nacionalidad, aunque no sean africanas. Para poder realizar estas tareas, nos ayuda mucho un acuerdo de colaboración que tenemos con el Ministerio del Interior a través de la Red Acoge en toda España.

Cuando llego a la oficina por la mañana, empiezo por revisar la lista de tareas pendientes. Recibo siempre a personas recién llegadas, poniéndome un tope máximo de diez al día si quiero ofrecer un servicio de calidad y ofrecerles suficiente tiempo. Realizo esta tarea siempre que tengo un hueco, aunque las personas que quieran verme no tengan cita. Muchas veces llegan bloqueadas. Qué otra cosa se puede esperar de quienes no tienen donde vivir, que no cuentan con papeles de identificación ni mucho menos de residencia, que no saben si van a comer hoy ni dónde van a dormir. Siempre les digo que se tomen las cosas con calma. No podrán conseguir todo el mismo día, pero encontrarán apoyos y saldrán adelante. La primera acogida se queda grabada en la memoria para siempre. Lo sé por propia experiencia.

Vemos situaciones sangrantes, como las de personas que llevan 15 o 20 años en España y siguen sin tener papeles. Esto les deja en una situación de vulnerabilidad muy seria. Es una pena que tengamos un sistema que los infantiliza y, demasiado a menudo, los sitúa en un túnel sin salida.

Ante el laberinto de problemas en el que se ven atrapados, contar con una orientación cabal es esencial. Los africanos que viven en España y tienen que hacer frente a problemas para regularizar su situación se suelen fiar de lo que les dicen sus compatriotas. No es raro, sin embargo, que esta información que se mueve de boca a oreja no sea fiable o que esté basada en medias verdades. Además, en no pocas ocasiones, el problema es que se fían demasiado de rumores. Durante la primera acogida, es esencial darles información fiable que les resulte útil para evitar que tomen decisiones equivocadas que después les pasarán factura.

Para poder hacer funcionar una maquinaria tan compleja que ofrece tantos servicios —y para que estos sean de calidad—, contamos con personal bien formado y con experiencia que presenta y justifica proyectos, porque la época de sustentarnos únicamente con donativos particulares pasó hace mucho tiempo. Dependemos de subvenciones de empresas, ayuntamientos, organismos oficiales, hospitales, etcétera, y hay que hacer las cosas bien y con un nivel alto de profesionalidad. Estar pendientes de bases de convocatorias, ajustarnos a los requisitos, preparar bien la documentación o justificar gastos y resultados es una tarea que lleva mucho tiempo. La formación empresarial que recibí en mi país y los estudios que realicé después en España sobre relaciones públicas me ayudaron a poner mis talentos al servicio de los inmigrantes para que puedan tener acceso a servicios básicos.

Aunque tenemos un horario «oficial», hay veces en las que se nos presentan casos urgentes, por lo que no es raro el día en el que me encuentro en la oficina a las diez de la noche. Son frecuentes las ocasiones en que se nos presentan inmigrantes africanos que han venido de Canarias, adonde llegaron en patera después de una arriesgadísima travesía, y al encontrarse en Madrid no tienen dónde vivir y están en la calle. En bastantes ocasiones buscamos una solución provisional de urgencia y llamamos a un hostal para que esa noche tengan un lugar donde dormir. Sin embargo, cada vez más nos encontramos con la respuesta de «está completo». Tenemos voluntarios que, haciendo gala de una gran generosidad, han llevado a inmigrantes recién llegados a su propia casa durante unos días. El problema se agrava con los menores o, mejor dicho, con los que oficialmente acaban de dejar de serlo. En cuanto cumple los 18 años, un menor no acompañado se encuentra a la puerta del centro en el que ha vivido durante algunos meses o años. De nada valdrán sus quejas o argumentos para demostrar que aún no tiene esa edad. Les hacen la prueba de la muñeca y no hay más discusión. Es uno de los muchos protocolos en vigor que, por desgracia, deshumanizan a las personas.

Al ser directora del centro tengo que acudir a muchas reuniones. Más de las que yo quisiera. En muchas ocasiones son encuentros oficiales en ministerios, ayuntamientos y departamentos varios de la Administración. Conozco a funcionarios que son excelentes personas e intentan hacer todo lo que pueden para que los inmigrantes en situación de vulnerabilidad tengan un trato humano y una salida. En otras ocasiones, he conocido a personal técnico que parece estar siempre a la defensiva. No los juzgo, porque comprendo que muchas veces no es culpa de ellos. A veces les faltan datos relevantes para entender bien la situación, les falta el contacto con la realidad de la calle o, simplemente, no tienen más remedio que hacer lo que les indican desde arriba. Siempre intento explicar pacientemente la realidad de las cosas, sobre todo los aspectos que se entienden mejor desde abajo, y que a veces en las oficinas no comprenden bien.

Desde hace algún tiempo, dedico una parte de mi trabajo a participar en distintas campañas de sensibilización, sobre todo contra la violencia de género, sobre interculturalidad o derechos humanos, ya sea en centros educativos o de salud, en asociaciones ciudadanas, en círculos políticos o en comisarías de Policía.

Todos estos escenarios en los que participo son siempre una ocasión para abogar por un trato más humano a los inmigrantes. Es lo que ahora todo el mundo conoce como *lobbing*. Últimamente he acudido bastantes veces al Congreso para encontrarme con diputados de la nación, que son los que hacen las leyes. Hablo con representantes de todos los partidos, al menos con los que están dispuestos a que hable con ellos, porque todas las formaciones políticas tienen personas que se ocupan de este tema. Siempre paso el mensaje de que hay que evitar caer en la tentación fácil –y falsa– de criminalizar la inmigración, algo que por desgracia está en aumento y va calando en la opinión pública a base de medias verdades y de datos descaradamente falsos.

Me ha ocurrido en algunas ocasiones que he tenido que acudir a actos públicos o reuniones en los que había algunos líderes políticos con actitudes hacia la inmigración que podríamos calificar de negativas. No juzgo, no ataco a nadie y escucho con calma. En más de una ocasión me he encontrado explicando mi experiencia y mi punto de vista tranquilamente durante el debate o una vez terminado el acto. En la distancia corta y sin tensiones las cosas se entienden mejor y se acercan posturas. Muchos políticos entienden muy poco de inmigración, a casi todos ellos se les ha olvidado que España fue hasta hace relativamente poco un país de emigrantes, y a los que tienen que obedecer agendas que rayan en la xenofobia les resulta muy difícil entender los problemas que tiene una persona que viene de otro país. Muchas veces pienso que si pudieran sentir en su piel los problemas que hemos padecido los que hemos venido de lejos huyendo de la guerra o la pobreza, estoy segura de que cambiarían sus posturas. Aunque solo fueran dos o tres días sin saber dónde dormir, si van a comer, si van a quedarse en situación irregular, si tuvieran que pasar horas y horas haciendo cola bajo el frío, llamando por teléfono para pedir una cita y que nadie les respondiera, con sus familiares llamándoles desde un país lejano para contarles que su hijo está enfermo y no hay dinero para pagar el tratamiento..., estoy segura de que verían las cosas de forma muy distinta.

Capítulo 12

LA POLÍTICA, ¿ARTE DE ENGAÑAR O DE SEMBRAR FELICIDAD?

«La política es el arte de engañar».
NICOLÁS MAQUIAVELO

«La política es la lucha por la felicidad humana».
JOSÉ MÚGICA, EXPRESIDENTE DE URUGUAY

¿La política? Claro que me interesa, como a cualquier persona que luche por el bienestar y los derechos de los más vulnerables.

En España aún estamos muy lejos de ver alcaldes, diputados o líderes políticos negros. Hasta la fecha, cuando se escriben estas líneas, en 2024, solo ha habido dos diputados de origen africano: André Diouf, originario de Senegal, diputado del PSOE por Las Palmas desde 2019, y Rita Bosaho (Podemos), nacida en Guinea Ecuatorial, que fue diputada por Alicante y después pasó a ser directora general de Igualdad de Trato y Diversidad Étnico Racial en el Ministerio de Igualdad. André Diouf empezó como líder sindical de inmigrantes senegaleses en Canarias, después trabajó en Comisiones Obreras y ha llevado la parte de política de inmigración en el PSOE. Contemplar solo dos rostros negros en un Congreso de 350 diputados es, todavía, un detalle bastante llamativo.

Conozco también a Serigne Mbaye, diputado por Podemos en la Asamblea de Madrid, de origen senegalés, que fue antes presidente del sindicato de manteros.

Me reafirmo en lo que he dicho: me interesa la política y mucho. Tanto en Congo como en España me han ofrecido militar en este campo. Aquí me han llegado ofertas de tres partidos políticos de distinto signo, lo cual probablemente quiere decir que soy una persona poco rígida en lo que a ideas o posiciones se refiere, a la que ven capaz de encajar en distintas opciones, más allá de las ideologías, porque siempre me ha interesado el bien que se pueda hacer a las personas desde la esfera pública. También me llegó, en una ocasión, una oferta muy tentadora de ostentar un cargo de cierta importancia en algún ministerio. Respeto mucho el trabajo de quien se dedica a la política, pero nunca dudé a la hora de rechazar todas estas propuestas sin necesidad de tener que emplear mucho tiempo para pensármelo. Sinceramente, creo que en España puedo aportar mucho más fuera de la política de partido, como activista de la sociedad civil.

En cuanto a mi país natal, República Democrática de Congo, durante las elecciones de 2019, los partidos buscaron a líderes entre los congoleños de la diáspora con el fin de añadir prestigio a sus formaciones. Sin dudarlo, les respondí: «Muchas gracias por pensar en mí, pero creo que puedo dar mi aportación al país de otra manera». De nuevo, antes de comenzar la campaña electoral de las presidenciales de 2023, varias formaciones congoleñas me ofrecieron que les asesorara, y de nuevo volví a declinar las invitaciones. «*Un refu poli*», llamamos en francés a esta postura que consiste en decir que no... con educación. Ahora no puedo votar en mi país porque, al tener la nacionalidad española, tuve que renunciar a la congoleña, aunque siempre seguiré siendo de Congo en mi corazón. De todos modos, aunque hubiera conservado mi pasaporte original tampoco habría podido ejercer el derecho al voto, porque solo los congoleños residentes en Estados Unidos, Francia, Bélgica, Reino Unido y Sudáfrica pudieron hacerlo. Es como si hubiera diásporas de primera y segunda categoría.

Como en muchos otros países africanos, en Congo la política es un terreno muy inestable y resbaladizo, y me da miedo pensar que lo que tú construyes con mucho esfuerzo e ilusión durante un largo tiempo, otros lo pueden destruir con rapidez.

❖ ❖ ❖

Un grupo de turistas mexicanos visitaba Washington. El guía les explicaba el sistema electoral estadounidense delante del Capitolio, alabando profusamente los beneficios de la democracia del país más poderoso del mundo. «Tenemos un sistema electoral muy desarrollado. A las 24 horas de haber concluido las elecciones generales, ya sabemos quién va a ser nuestro próximo presidente».

Uno de los visitantes, algo entrado en años, seguía atentamente las explicaciones del cicerone. Levantó la mano para hacer un comentario no exento de ironía: «En México tenemos un sistema electoral aún más avanzado que el de ustedes, los gringos», replicó convencido. «Seis meses antes de las elecciones ya sabemos quién va a ser nuestro próximo presidente».

Escuché este chiste hace algunos años y, mientras me reía, no pude evitar pensar que, en esta historia, se podría fácilmente sustituir el nombre de México por el de muchos otros países, incluido el mío. La política en Congo es una fuente de frustraciones y la gente se ha acostumbrado a que varios meses antes de las votaciones ya se sabe quién va a ganar. Pero algunas cosas empiezan a cambiar. Si antes parecía obvio que ganaría siempre el candidato que tuviera el firme apoyo de los países occidentales, en las elecciones de diciembre de 2023 no fue precisamente el considerado como favorito de Estados Unidos y Europa el que se llevó la contienda electoral.

❖ ❖ ❖

Cuando uno observa los tejemanejes de muchos políticos, cómo hoy prometen hacer esto y aquello, se desdicen mañana, y hacen y deshacen según sus conveniencias, es inevitable pensar en la política como un campo diseñado para embaucar y dominar en el que abunda la prepotencia. Para ser un buen representante público parece que hay que saber mentir, porque muchos no suelen respetar la palabra dada. Y eso ocurre tanto en África como en Europa. En Congo no veo líderes políticos con ideas claras ni mucho menos con una verdadera visión de futuro pensada en el bien del pueblo. Hay tres grandes partidos políticos: la Unión para la Democracia y el Progreso Social (UDPS), del presidente Félix Tshisekedi; el Partido del Pueblo para la Regeneración y la Democracia (PPRD), del antiguo presidente Jo-seph Kabila; y el Movimiento Popular de la Revolución (MPR), del difunto presidente Mobutu Sesse Seko. A ellos se añadió en 2023 el partido creado por Moïse Katumbi, Ensemble pour la Republique (Unidos por la República). Hay otros pequeños partidos, muchísi-mos. Oficialmente, República Democrática de Congo tiene nada menos que 910 formaciones políticas, de las cuales unas 40 cuentan con representación parlamen-taria. Muchas de ellas no dejan de ser meras filiales de las más potentes y parecen existir simplemente para justificar una imagen de pluralismo que, en realidad, es falsa. En mi país nos han metido en la cabeza que todos nuestros males han sido causados por los países occi-dentales, pero nadie puede preguntar libremente por la responsabilidad que tienen nuestros líderes en esas desgracias que seguimos padeciendo.

❖ ❖ ❖

El 20 de diciembre de 2023 se celebraron en Congo elecciones presidenciales, parlamentarias y locales. Aunque no participé, el proceso me preocupó y lo se-guí con enorme interés. Sigo teniendo a mi familia en el país, por lo que estoy atenta a todo lo que allí suce-de. Afortunadamente, esta vez no hubo disturbios ni enfrentamientos, aunque el proceso no estuvo exento de tensiones.

Cuando, el 31 de diciembre, la Comisión Electoral Independiente proclamó los resultados provisionales, hubo pocas sorpresas: los días anteriores, las emiso-ras de radio, muy seguidas por la ciudadanía, ofrecían regularmente los datos que iban llegando de las distintas circunscripciones electorales. El presidente saliente, Félix Tshisekedi, que competía por un segundo mandato, ganó con holgura al obtener el 73,34% de los votos. Su principal rival, el antiguo gobernador de Katanga, Moïse Katumbi, quedó en una lejana segunda posición, con el 18% de los sufragios, mientras que el antiguo candidato a las elecciones de 2018, Martin Fayulu, quedó tercero con un modesto 5%. Ninguno de los otros 15 aspirantes, incluidos el ginecólogo y premio nobel de la paz Denis Mukwege o Marie Jose Ifoku, la única mujer candidata, llegaron al 1%. Las impugnaciones presentadas por algunas fuerzas políticas durante los días siguientes no alteraron el resultado, que fue dado por definitivo por el Tribunal Constitucional el 9 de enero. Las legislativas dieron también una amplia mayoría al partido de Tshisekedi, junto con sus formaciones afines.

Pocos días antes del anuncio de los resultados provisionales, durante su homilía del día de Navidad, el cardenal arzobispo de Kinshasa, Fridolin Ambongo, había calificado el plebiscito de «gigantesco desorden planificado». En un país en el que la Iglesia católica ha tenido siempre un gran prestigio moral, sus palabras resonaron como un eco del descontento popular de una gran parte de la población. El prelado dijo estar particularmente disgustado por los incidentes de violencia que ocurrieron el día de la votación. Evocando unas imágenes en las que se veía la agresión sufrida por una mujer que acababa de votar por un candidato de la oposición, comentó: «¿Qué imagen damos de nuestro país ante la comunidad internacional? ¿Cómo hemos podido caer tan bajo?». No fue ni mucho menos un hecho aislado. En 551 de los colegios electorales donde los observadores desplegados por las Iglesias –católica o protestantes– realizaron un seguimiento, se registraron incidentes violentos, casi siempre causados por hartazgo de la gente al tener que esperar durante muchas horas para poder votar, o por la decepción de un número nada despreciable de electores que no encontraban sus nombres en las listas desplegadas a la entrada de los centros de votación.

Las fuerzas de la oposición, varios días antes del anuncio de los resultados oficiales, empezaron a llamar a sus partidarios a manifestarse y a exigir la repetición de los comicios ante lo que preveían que iba a ser, a su juicio, un enorme fraude. Un intento de tomar las calles de Kinshasa por parte de los partidarios de Martin Fayulu fue duramente reprimido por la Policía. El portavoz del Gobierno dijo aquel día que la oposición «lleva meses preparando no las elecciones, sino la contestación en la calle». Pero no fue solo la intervención de las fuerzas del orden la que impidió que hubiera protestas masivas. En Congo, las acciones populares contra el poder han empezado siempre en Kinshasa, pero esta vez Tshisekedi obtuvo una gran mayoría de votos en la capital. También barrió en las urnas –con resultados cercanos al 90% de los sufragios– en Goma y Bukavu, en el turbulento este, donde contó con el apoyo del antiguo presidente del Parlamento, Vital Kamerhe, muy popular en la región. En la antigua provincia de Equateur, Tshisekedi ganó también gracias al apoyo del antiguo señor de la guerra Jean Pierre Bemba. Solo Moïse Katumbi fue una verdadera alternativa al presidente saliente, pero, al final, su popularidad se limitó al sureste del país, donde fue gobernador muchos años en la provincia de Katanga. En cuanto a Joseph Kabila, de quien se dice que tras las elecciones de 2018 obtuvo garantías de Tshisekedi de que nadie le molestaría, su partido no presentó esta vez ningún candidato a las presidenciales.

Mi país tiene enormes recursos, sobre todo minerales. Produce el 73% del cobalto mundial y su selva es el segundo ecosistema del planeta. A pesar de todo, se calcula que dos tercios de su población de cien millones de ciudadanos viven en situación de pobreza extrema, con menos de dos dólares al día. Los más ricos son los miembros de la familia Rawji, de origen indio, instalada en el país desde hace alrededor de un siglo. La economía, a pesar de una subida del precio de los minerales en el mercado mundial, no despega. El gran proyecto anunciado hace años de la gran presa de Inga no se materializa y el 80% de la población no tiene acceso a ningún suministro eléctrico. La peor parte se la ha llevado siempre el este, dominado desde principios de los años 90 del siglo pasado por una miríada de grupos armados. A finales de 2023, unos siete millones de personas estaban desplazadas debido a la presencia del M23.

❖ ❖ ❖

La política en África está llena de ejemplos de líderes que han llegado al poder para llenarse los bolsillos y oprimir al pueblo, y que se han mantenido en él mintiendo, presionando e incluso eliminando físicamente a sus rivales si lo veían necesario. Siendo justos, también hay que decir que ha habido algunas honrosas excepciones, como Nelson Mandela, un gigante de la lucha por los derechos humanos y la reconciliación que sacrificó su vida por eliminar la discriminación racial, o el antiguo presidente de Tanzania, Julius Nyerere, que se retiró voluntariamente del poder, llevó siempre una vida modesta y tuvo la humildad de reconocer sus errores. Ambos, con su coherencia de vida, demostraron que se puede ser un líder honrado al servicio del pueblo, lejos del odio y la mentira. Quizás sean muy pocos, pero existen y hacen ver que es posible dedicarse a la política desde la honestidad y el sacrificio.

Es indudable que en España se han dado cambios muy rápidos en política, sobre todo al pasar en poco tiempo de una dictadura a una democracia que tuvo que hacer frente a numerosos retos. Uno de ellos ha sido la inmigración, un campo que ha sufrido mutaciones aceleradas en un breve espacio de tiempo. Todos los partidos han tenido aciertos y errores en sus políticas migratorias, pero en general pienso que ninguno de los que han gobernado han favorecido a los inmigrantes. Algunas políticas concretas han sido incluso nefastas, como las devoluciones en caliente o la creación de los CIE.

No hay una política coherente que realmente ayude a que los inmigrantes se integren en la sociedad española. En el caso de las mujeres –no solamente africanas– la situación es peor. Faltan iniciativas bien articuladas que favorezcan una integración cabal. Algunas, incluso, nos deshumanizan, haciendo que nuestros sueños se mueran de frío e inanición. Cada gobierno aprueba nuevas leyes, lo que nos genera una gran incertidumbre. Parece que, en cuestión de inmigración, España tiene aún una visión de principiante.

La consecuencia de este estado de cosas es que aquí la inmigración de africanos profesionalmente bien preparados es muy poco estable. El inmigrante senegalés, congoleño o camerunés que llega con un título universitario y con energías de emprendedor no encuentra lo que esperaba. Si se produce una ocasión propicia y cuenta con buenos apoyos de sus familiares o amigos, se va a «los países de arriba», Francia, Bélgica, Alemania…, donde las políticas sociales son más favorables. Sirva como ejemplo el tema de la reagrupación familiar, que aquí es muy difícil de conseguir. Para poder traer a tus familiares más cercanos te piden demostrar que tienes una vivienda en propiedad o en alquiler, contrato de trabajo, nóminas… A esto se añade la dificultad de un trámite tan indispensable como obtener una cita para solicitar la reagrupación. Las tramitaciones son *online* o por teléfono, lo que se convierte en una dificultad añadida para muchos inmigrantes. Llamas al número correspondiente y te encuentras con el siguiente mensaje: «En este momento no hay citas disponibles. En breve, la oficina pondrá a su disposición nuevas citas». Esta es la primera barrera con la que se encuentra cada día un solicitante de asilo que trata de iniciar sus trámites. Pasas horas y horas frente a un teléfono que siempre está comunicando. Los casos que conocí en 2023 tardaron, de media, entre cuatro y seis meses en conseguir una cita que, de acuerdo a la legislación, no debería demorarse más allá de un par de semanas.

Hay personas que llaman durante días de siete de la mañana a siete de la tarde y no lo consiguen. Cuando la pides, y la repuesta se demora, te quedas en un incomodísimo limbo durante meses hasta que por fin te la conceden. Mientras tanto, algunos de los documentos que te has esforzado en conseguir ya no sirven porque ha vencido la fecha de caducidad. Es como si tu vida fuera una rueda que gira en torno a una sucesión de citas, entrevistas, listas de espera, tiempo de estancia, requisitos difíciles de conseguir, períodos de tiempo en la calle, acogidas temporales... y vuelta a empezar: la rueda vuelve a girar sin que parezca que te lleve a ningún sitio. Estas políticas infantilizan a los inmigrantes, los dejan agotados, sin salidas y los privan de oportunidades de mejorar sus vidas. Terminan por aceptar su condición de vulnerabilidad y olvidan los sueños que tenían cuando tomaron la decisión de salir de su país de origen.

España parece no darse cuenta de que muchos de los inmigrantes africanos que llegan aquí terminarán por marcharse a otros países europeos por puro agotamiento. Estamos hablando de personas bien formadas, con estudios universitarios, experiencia y espíritu emprendedor. Por desgracia, cada vez que se marcha uno de ellos, la opinión pública española parece pensar: «Un problema menos», cuando en realidad estamos perdiendo a una persona valiosa que deja de aportar sus talentos aquí. Quien de verdad pierde más con estas políticas y prácticas es la propia sociedad española.

A pesar de todo, es justo reconocer que, en muchos aspectos, España es más generosa que otros países del entorno en lo que se refiere a ciertos aspectos relacionados con el trato a los inmigrantes. Aquí, si demuestras que tienes tres años de arraigo, estás empadronado, no tienes órdenes de expulsión, te has esforzado por integrarte, has acudido a clases de español, te has formado y, sobre todo, tienes un contrato de trabajo, lo más seguro es que al final te den la residencia. Una vez que la tienes, puedes optar a la nacionalidad a los diez años de vivir en nuestro país.

En España también hay políticas humanas por lo que se refiere al acceso a la sanidad pública. Menores y mujeres embarazadas, como ya he comentado, tienen derecho a recibir asistencia sanitaria gratis. Durante mi trabajo como mediadora intercultural o como intérprete, he visto en hospitales infinidad de casos de africanas en situación muy vulnerable, incluso desesperada, a las que profesionales sanitarios muy competentes y humanos han atendido muy bien sin importarles que no tuvieran los papeles en regla.

Al mismo tiempo me atemorizan algunos mensajes de ciertos partidos políticos. Recuerdo que durante la crisis de la pandemia uno de ellos pidió que se retirara la tarjeta sanitaria a los inmigrantes que estuvieran en paro. ¿Cómo se puede penalizar a una persona que ha tenido la desgracia de perder su empleo dejándole, además, desprotegido si tiene un problema de salud?

La multiculturalidad avanza y se ha implantado ya en la sociedad, pero es aún muy poco visible en la política. Los africanos no somos ni mejores ni peores que los demás seres humanos en el ejercicio del liderazgo político, pero seguramente el día en que haya más diputados, alcaldes, consejeros, o líderes sindicales que llegaron a España como inmigrantes, los distintos partidos políticos se beneficiarán de su experiencia, de su manera de ver las cosas y de su humanidad.

Capítulo 13

MUJER AFRICANA INMIGRANTE, MUJER DE ESPERANZA

«Los españoles no saben cómo son, y cuando se atreven a opinar sobre ellas las dibujan como a pobres desgraciaditas que llegan a España tras sus maridos. ¡Qué gran falsedad! Las mujeres africanas son seres humanos fuertes, independientes y con un proyecto de vida».

INÉS PARÍS

Aún no es mediodía y he perdido la cuenta de las veces que ha sonado el teléfono desde que me desperté. Estoy acostumbrada a recibir todos los días un sin fin de llamadas que podemos calificar de peticiones, casi siempre urgentes, para resolver problemas. Muchas veces me tengo que controlar y no soltar, de sopetón, que yo no tengo la solución –y menos inmediata– a todos los problemas de las mujeres inmigrantes en España. Pero hoy es una mañana de agosto y hace un calor sofocante que intento soportar debajo de un ventilador de techo que me alivia. Tras unas semanas de trabajo muy intenso, he podido cogerme unos días de vacaciones en casa de una amiga que vive cerca de la playa en Alicante. Pero incluso aquí me resulta difícil desconectar. A veces pienso que si estoy de vacaciones y de verdad quiero gozar de un merecido y necesario descanso, tendría que desconectar el teléfono, pero nunca lo he hecho ni creo que lo vaya a hacer. La última llamada que recibo es de Fatou, una de las mujeres que vive en el albergue de Karibu. Me cuenta que está muy preocupada porque dentro de pocos días sus niños volverán al colegio, necesita el material escolar y no tiene medios económicos para comprarlo. Siento un temblor en su voz que delata una preocupación rayana en el agobio. Tras escucharla pacientemente, intento ayudarla a disminuir la tensión que sé que tiene dentro.

—No te preocupes, Fatou. Ya sabes que cuando llega la vuelta al cole tenemos un programa de apoyo escolar. Te vamos a ayudar. Ve a Karibu hoy mismo y habla con Ana.

Algunos años atrás intentamos mantener el local de Karibu cerrado durante el mes de agosto, cuando la mayor parte de su personal, contratado o voluntario, está de vacaciones, pero siempre tenemos que asegurar unos servicios mínimos porque, para quien vive en situación de necesidad, los problemas no se toman ningún descanso. Nada más colgar, llamé a la persona que se había quedado de guardia en Karibu.

—Buenos días, Ana, va a ir Fatou. Ya la conoces. Por favor, ayúdala para que pueda comprar el material escolar y que sus niños puedan empezar el colegio.

Fatou no tiene papeles de residencia, no sabe leer ni escribir porque en su país nunca tuvo la oportunidad de ir a la escuela, es madre soltera y tiene dos niños que lucha por sacar adelante haciendo frente a mil obstáculos con una enorme determinación. Desde que soy mediadora e integradora social he aprendido a manejar el concepto de «vulnerabilidad» cuando estoy frente a una persona que viene en busca de ayuda. Tal vez por formación —¿o es deformación?— profesional, suelo clasificar la vulnerabilidad de las mujeres africanas en España en tres categorías: leve, moderada y grave. Los docentes que imparten Trabajo Social suelen señalar varios factores que hacen que una persona se sienta integrada: la salud, la formación que ha recibido, el empleo, una vivienda digna, las redes sociales (familiares y amigos)... Los especialistas en el tema afirman que, si a una persona se le quiebran al menos dos de estos factores, empieza a entrar en una situación en la que rozará el riesgo grave de exclusión social. Un inmigrante que pierda su empleo y enferme gravemente, por ejemplo, empezará a vivir en una situación de vulnerabilidad, que en su caso será seguramente más grave que si esto mismo le ocurriera a un español, porque es muy posible que el inmigrante no tenga los apoyos humanos necesarios para hacer frente a esta situación.

Lejos de mí pretender que estos párrafos sean una lección sobre factores de exclusión social, pero para comprender cabalmente un problema siempre conviene hacer varias distinciones. Podríamos empezar por describir algunas situaciones de vulnerabilidad que, en general, no son graves y normalmente son temporales. Hay mujeres africanas que han llegado a España para mejorar su futuro y cuentan con ciertas garantías que las ofrecen una protección social: un contrato de trabajo o una beca de estudios. Estas mujeres han venido con los papeles «en regla», y el hecho de tener unos documentos que acreditan su situación legal elimina ya una buena parte de su vulnerabilidad. Otras han nacido ya aquí en España y tienen la nacionalidad. Aunque disponer de pasaporte español puede facilitar un poco las cosas y brindar acceso a algunos servicios, las mujeres de este segundo grupo arrastran otras barreras que las llevan a estar en situación de vulnerabilidad por falta de oportunidades. Encontramos un tercer grupo: son mujeres que proceden de familias acomodadas que un día, por cualquier circunstancia, dejan de recibir la ayuda que sus familiares les envían desde África. No son raros los casos de padres que trabajan como funcionarios o son dueños de una pequeña empresa que quiere que sus hijas estudien aquí y les remiten dinero desde su país. Pero la situación cambia porque el padre lleva meses sin cobrar o porque una enfermedad inesperada ha agotado sus ahorros. También puede suceder que una mujer africana que vive en España se queda sin trabajo y sin ingresos. Las personas que se ven en situaciones como estas caen en un estado de vulnerabilidad que podemos llamar «leve», y que en la mayoría de los casos suele ser temporal. Esta situación es más sencilla cuando tienes un colchón de relaciones que puede ayudarte en un momento delicado que, felizmente, se suele resolver al cabo de algunas semanas o meses.

Cuando una mujer africana que se encuentra en una situación así acude a Karibu para explicarnos su situación, valoramos cómo podemos ayudarla a pasar ese bache. Muchas veces el problema se puede solucionar ofreciendo un alojamiento temporal, dando alimentos, una ayuda económica para gastos de alquiler, pagar facturas o cubrir gastos escolares, con tal de que estos dispendios no sean muy elevados. Si el problema es la falta de trabajo, una africana que viene en esta situación puede obtener un gran alivio acudiendo a nuestra bolsa de empleo, aunque muchas veces no es fácil encontrar rápidamente este trabajo.

Otros casos son más serios, aunque también se les puede encontrar una salida. En Karibu hemos conocido a mujeres que han llegado a España con un visado de reagrupación familiar. Esta historia, que tiene un comienzo feliz, se tuerce un día por razones inesperadas, como por ejemplo que el marido, que ha realizado mil trámites burocráticos para traer a su esposa, cambia de actitud de la noche a la mañana si no se queda embarazada, se enfurece, pierde la cabeza, se vuelve violento y decide echarla de su casa. Por desgracia, casos como estos no están catalogados como violencia de género. Estaríamos aquí ante un tipo de vulnerabilidad que podemos calificar de «moderada».

Dentro de este grupo también entrarían los casos de africanas que han llegado a España con sus necesidades mínimas cubiertas, pasan bastantes años de residencia legal sin mayores problemas y, de repente, se les acaba el dinero, pierden el trabajo o enferman gravemente y no saben qué hacer porque no conocen a ninguna entidad que las pueda acompañar en ese tránsito ni saben cómo solicitar ayudas sociales. Muchas madres solteras que han sido abandonadas por sus parejas se encuentran, de repente, en esta situación. El caso de Fatou entraría en esta categoría. Afortunadamente, en Karibu tenemos la suerte de contar con la colaboración de cuatro congregaciones religiosas: las Misioneras de África –Hermanas Blancas–, la Compañía de María, las Misioneras de Jesús, María y José y las Reparadoras del Sagrado Corazón. Estas últimas, con mucha generosidad, nos ofrecen todos los años varias plazas gratuitas en sus internados para niñas y niños de mujeres africanas en situación vulnerable. Su ayuda incluye, además del uniforme y el material escolar gratuitos, el servicio de comedor.

También hay casos graves, y algunos muy graves. Vidas de mujeres desarraigadas que han atravesado situaciones extremas y angustiosas en el tránsito. Son tan duras que resulta difícil asumir que son reales.

❖ ❖ ❖

«Sueño que me despierto y estoy rodeada de serpientes que se aproximan muy lentamente hacia mí. Me pongo a temblar de miedo, pero no puedo moverme mientras empiezo a sentir sus lenguas tocando mi cara y mi temor se torna en un pánico incontrolable».

Esta pesadilla recurrente no dejaba dormir tranquila a Marie. Ella perdió a su marido y a dos de sus hijos en su pueblo, en Costa de Marfil, durante la segunda guerra que estalló en este país en 2011. Huyó con su hija de 12 años, y después de varios meses de peligrosas travesías recaló en Argelia, donde encontró a otros inmigrantes africanos que, como ella, habían salido de sus países con la esperanza de dar el salto a Europa y encontrar allí la seguridad que no encontraban en su tierra. Dormían en bosques, a las afueras de los pueblos. En los centros habitados habría sido demasiado arriesgado pernoctar.

«La Policía nos paraba cada dos por tres para pedirnos los papeles. Yo temía, sobre todo, por mi hija, de 12 años, que tenía una salud bastante débil. Pronto descubrí que la única manera de que me mostraran algo de respeto era ir acompañada de un hombre que se presentara como mi marido. Me uní a uno de ellos que parecía amable y cuidaba de mí. Cada vez que la Policía nos preguntaba si estábamos casados, decíamos que sí, sin dudarlo. Al final, con el roce y el dormir uno al lado del otro, pasó lo que tenía que pasar y un día descubrí que me había quedado embarazada. El niño que llevaba en mi vientre no llegaría nunca a conocer a su padre porque a mi compañero le detuvieron en un control y nos separaron. Tuve que seguir mi camino sola, pasando las noches al raso en bosques, sin ninguna higiene y sin atención médica.

»Pronto encontré un nuevo compañero para no estar sola. Era amable conmigo y también con mi hija. Tenía miedo por ella porque cada día la veía más débil. Tras varias semanas de marcha agotadora, los tres llegamos a la frontera con Túnez. Intentamos cruzar por una zona aparentemente no vigilada, pero no pasó mucho tiempo antes de que nos interceptaran y detuvieran. Nos mandaron de vuelta a Argelia. Siempre andábamos con un gran temor, y cada día era una dura lucha para conseguir algo que comer y un cobijo por la noche. Encontramos un hangar abandonado y nos tumbamos para descansar por la noche, pero poco antes del alba, cuando aún estaba oscuro, alguien nos alertó de que la Policía estaba muy cerca. Iban a hacer una redada y nos iban a detener a todos. Recogí mis cosas a toda prisa mientras veía que todo el mundo salía corriendo como una exhalación. Mi hija no se despertaba, por lo que la zarandeé mientras la conminaba a ponerse de pie. Pero mis esfuerzos fueron en vano. No se despertó. No sé cómo expresar la enorme pena, mezclada con desesperación, que sentí cuando, en apenas un minuto, me di cuenta de que ya no se despertaría nunca. No tuve más remedio que salir corriendo con una tristeza infinita, llorando sin parar, sin ni siquiera haber podido enterrarla con dignidad.

»Durante los meses siguientes atravesamos Argelia, casi siempre a pie, hasta llegar a Marruecos. Con mi embarazo, cada paso me costaba un esfuerzo sobrehumano. No sé cuántas semanas pasé en el monte Gurugú, en las afueras de Melilla. Allí di a luz, en condiciones que prefiero no describir. Habían abusado de mí tantas veces −algo que al final hasta te parece normal− durante mi largo viaje que no sé quién pudo haber sido el padre de mi hijo.

»Llegué a España. No me preguntéis cómo, pero llegué, y desde el primer día me di cuenta de que no era el paraíso del que me habían hablado. Me llevaron, eso sí, al hospital, donde pude recuperarme, aunque durante mi estancia allí permanecí detenida, con un policía que me vigilaba día y noche. ¿Tenía yo cara de criminal?».

❖ ❖ ❖

Marie es un caso de vulnerabilidad grave, muy grave. Tuvo la suerte de que, finalmente, se le abrió una puerta al llegar a una asociación de ayuda a inmigrantes cuando le dieron de alta en el hospital. La conocí cuando la acogimos en el albergue de Karibu. Recuerdo muy bien que nunca hablaba. Alguien que no la conociera habría incluso podido pensar que era muda. Le costaba incluso decir su nombre. Tardó mucho tiempo en decidirse a contar su historia. Cuando por fin lo hizo, empezó un larguísimo camino para hacer el duelo que nunca pudo realizar: el de haber perdido a su marido y a dos de sus hijos en un ataque contra su pueblo durante la guerra en Costa de Marfil, más la pérdida de su hija durante la travesía argelina, aquel día en que tuvo que huir apresuradamente después de que su niña no se despertara. Fue un viaje interior muy duro, tan largo como el trayecto físico que realizó desde su pueblo hasta llegar a España después de pasar mil penalidades. Una mujer así no ha podido ni siquiera llorar a sus muertos. Necesita tiempo para recomponerse, para verbalizar su sufrimiento, para poner orden en sus recuerdos. Y hay que respetar sus ritmos, que incluyen muchos momentos de retroceso.

Marie necesitó mucho tiempo, pero si de algo somos dueños los africanos es precisamente de eso. Sé por experiencia que cuando prestas un servicio a personas en situaciones vulnerables, la primera acogida es un momento muy importante. De ella dependerá el resto del proceso de acompañamiento. Si algo he aprendido con los años es que el recibimiento inicial no es cuestión de protocolos, sino de humanidad. Muchas veces te encuentras enfrente de personas que, como Marie, no han tenido más remedio que tragarse su grito de desesperación, tal vez porque después de pasar por infinidad de humillaciones han terminado por convencerse de que nadie las escucha y se encierran en una cárcel de silencio que las aísla y deshumaniza aún más.

Tras realizar enormes esfuerzos por superarse, Marie salió del albergue de Karibu para trabajar como interna en el servicio doméstico, empleo en el que aún sigue. En 2021 ganó el Premio a la Mejor Trabajadora de Servicio Doméstico en España, otorgado por la Asociación Rumiñahui. Su hijo, al que había dejado en su pueblo de Costa de Marfil, llegó en 2023 y ahora viven juntos. Según contó, en la patera en la que viajaba el chaval murieron 28 de sus 54 ocupantes. Cuando se enteró de esta tragedia, pasó por varias semanas de angustia infinita hasta que, por fin, le informaron de que su hijo estaba entre los supervivientes.

Como Marie, las mujeres africanas que hemos llegado a España venimos con una mochila cargada de malas experiencias: desprotección, soledad, violencia, explotación sexual, embarazos no deseados... Nos hace falta tiempo para poder asimilar y procesar este pasado doloroso, pero apenas ponemos el pie en el país al que hemos emigrado nos encontramos con otro problema que no habíamos previsto: el estrés adaptativo. Fruto de los problemas de integración, este estrés suele ir acompañado de muchas formas de rechazo social, al que se añaden barreras administrativas, dificultades por el desconocimiento del idioma y de la nueva cultura del país receptor, además de la falta de redes sociales de apoyo que te pueden ayudar a superar el estrés al que te enfrentas. Hay cicatrices que no se curan en uno o tres meses, por eso no ponemos un tiempo límite. En la Asociación hay mujeres que llevan dos o tres años viviendo en el albergue porque el lastre que portan es muy pesado y las cicatrices de sus heridas son muy profundas y aún no se han cerrado. Hay mujeres que han pasado siete u ocho años en el camino antes de llegar a España y su integración es muy lenta. Y todo esto genera una enorme vulnerabilidad.

Si hablamos de tipologías de vulnerabilidad grave entre las inmigrantes, la lista es larga. Los casos de mujeres que han venido a España engañadas por redes mafiosas con falsas promesas de trabajo y obligadas a prostituirse son particularmente dolorosos. Sin documentos, sin familiares o amigos que te puedan ayudar, sin conocer la lengua y sin recursos, desde el primer día te das cuenta de que si decides romper con los delincuentes que te han metido en esa jaula y escaparte no tendrás a dónde ir. En el caso de las nigerianas, se añade el terror al daño que te pueden hacer a ti y a tu familia con la magia negra, sobre todo después de que te hayan cortado mechones de pelo y trocitos de uñas con los que podrían poner en marcha un vudú de brujería. Convertidas en esclavas sexuales, no podrán guardar el dinero que consigan cada día con los clientes porque se lo quitarán. Y si se quedan embarazadas, se apresurarán a devolverlas a su país porque ya no les resultarán útiles.

Las mafias que explotan a estas mujeres juegan con su falta de conocimiento y sus temores, muchas veces infundados. Al estar basados en una creencia firme, estos miedos se convierten en cadenas que atrapan a estas mujeres. En España, donde las leyes para combatir la violencia de género han avanzado mucho durante los últimos años, hace falta humanizar esos cuerpos legales e incluir un enfoque interseccional, inter y multicultural. Oficialmente, si una mujer en situación de explotación sexual da el paso y se atreve a poner una denuncia, estará protegida y no será detenida ni mucho menos expulsada, tenga la residencia o no. Pero depende mucho del profesional con el que se encuentre, si es empático o no con su drama. Creo que esto no puede ser una cosa de un momento o de unas circunstancias coyunturales concretas, sino que hay que dejar definida claramente esta protección por escrito y en muchos idiomas, teniendo en cuenta que la barrera lingüística en la población africana está muy presente.

Una de las iniciativas que adoptamos en Karibu fue organizar sesiones para informar a las mujeres africanas sobre las posibilidades que tienen si alguna vez se encuentran en una situación parecida. Las animamos a que pasen esta información a otras personas que puedan encontrarse encerradas en este laberinto. Una vez al mes traemos a mujeres oficiales de Policía a nuestro local, donde imparten sesiones de sensibilización a las africanas que acuden. Allí les hablan de la violencia de género, de qué hacer en caso de ser víctima y de qué números de emergencia marcar y adónde acudir para que te puedan atender. Tengo que decir con gran satisfacción que la Policía española actúa con gran profesionalidad y humanidad cuando tienen que proteger a mujeres víctimas de trata o de violencia machista.

Hay otro tipo de vulnerabilidad grave que es menos conocido, probablemente porque tiene menos visibilidad. Se trata de la situación en la que se encuentran muchas mujeres africanas mayores. Ocurre a veces que una de ellas ha llegado a España, ha trabajado durante muchos años —sobre todo en el servicio doméstico—, pero nunca ha cotizado a la seguridad social para poder percibir una pensión cuando le llegue la edad de la jubilación. A veces esto ocurre por culpa de la persona que emplea a esta mujer, a la que paga, como se dice aquí, «en negro», y a veces es un problema de mentalidad de la propia trabajadora, que piensa que va a estar en España unos años, los suficientes para mandar dinero a su familia y volver poco después cuando ya tenga la casa construida en su barrio o en su pueblo. Esos pocos años se convierten en cinco, en diez, en veinte…, y un día te das cuenta de que has cumplido 65 años, ya no puedes trabajar, apenas has podido ahorrar y no tienes derecho ni siquiera a una pensión no contributiva. El problema es peor en el caso de las mujeres africanas que llegan a la tercera edad solas, sin tener el apoyo de un marido o de familiares. Pocas cosas he visto tan tristes entre las africanas inmigrantes como encontrarme con mujeres que han vivido durante décadas llenas de energía y alimentando sueños, para un buen día darse cuenta de que ya han cruzado el umbral de la ancianidad y, de repente, se encuentran solas y sin recursos. Mujeres africanas que han gozado de un carácter jovial y optimista durante años, de repente, al llegar a esta situación, se quedan bloqueadas.

Para responder a este problema, en 2022 abrimos en Karibu la Casa Bibi. *Bibi* significa 'señora' en suajili. A este centro acuden mujeres africanas mayores y allí se reúnen, hablan de sus problemas, tienen clases de yoga, organizan salidas culturales… También tenemos un piso de acogida —generosamente cedido por una congregación— en el que viven algunas mujeres mayores, incluso de más de 70 años, en situación de especial vulnerabilidad. Tendríamos que hacer más, mucho más, pero somos limitados. Los proyectos para niños atraen y son muy llamativos. No ocurre lo mismo con las ayudas para personas mayores.

❖ ❖ ❖

¿Cuántas somos las mujeres de origen africano que vivimos en España? Según datos del Instituto Nacional de Estadística (INE), llegamos a 489.178, que se corresponde con el 40 % de los 1.217.706 ciudadanos con nacionalidades de países africanos que residían en España a finales de 2022. Marruecos fue el principal país emisor de inmigrantes de África hacia España ese año, con algo más de 800.000 residentes. De los países situados al sur del Sahara, el colectivo más numeroso fue el senegalés, con 83.260 personas, de las que el 21 % eran mujeres. Le seguía Nigeria, con 36.367, con un 44 % de mujeres. Solo entre los procedentes de Guinea Ecuatorial, algo más de 9.000 personas —aunque hay muchos otros que tienen la nacionalidad española—, la proporción femenina era mayor que la masculina: el 62 %. También resultaba considerable la presencia de mauritanas (el 27 % de 8.844), guineanas (el 26 % de 11.162), gambianas (el 20 % de 23.253) y malienses (el 14 % de 31.792). La distribución por provincias de estas personas era muy irregular, aunque Barcelona era la que más población de origen africano concentraba, según el mapa elaborado por el portal de noticias África Mundi con datos del censo de 2021.

Estas cifras no tenían en cuenta a las personas en situación irregular en nuestro país. Pero, según la Fundación porCausa, la proporción de africanos representa menos del 10% del total. A finales de 2019, eso podría suponer un número que oscilaba entre 390.000 y 470.000 personas. Tampoco contabilizaban a las mujeres de origen africano con nacionalidad española. Aunque no existen estadísticas sobre ellas, el colectivo de mujeres de origen africano residente en España es grande, pero pasa muy desapercibido. Una de las razones de esta invisibilidad es que aún somos muy pocas las mujeres africanas en España que podemos ser calificadas de emprendedoras.

Yo misma soy una de las impulsoras y miembro de la Red de Mujeres Lideresas Africanas en Acción (REMLAA), creada por cinco africanas para impulsar el liderazgo y la igualdad de oportunidades de las mujeres del continente. Buscamos alcanzar este objetivo a través de acciones concretas que promocionen el codesarrollo de proyectos de emprendimiento y empoderamiento femenino que tengan como fundamento la innovación y el impacto social. Igualmente, buscamos impulsar la participación en nuestro entorno, sugiriendo, actuando y decidiendo a todos los niveles: social, cultural, político, científico, económico e industrial.

En parte, nuestra iniciativa se inspiró en otra que ya existe en España y que se muestra muy activa: la Red de Mujeres Latinoamericanas y del Caribe. Estamos empezando y todavía no hay una promoción suficiente de mujeres africanas por parte de sus iguales, y así es muy difícil que cuidemos unas de otras. En la actualidad estamos trabajando para poder unirnos a la Red desde cualquier comunidad de España.

❖ ❖ ❖

No tengo ninguna duda de que la mujer africana es una mujer de esperanza. Siempre digo que somos como un hilo que teje una red de humanidad.

La mujer en África es una fuerza privilegiada para alcanzar el desarrollo económico, promover la igualdad social y política, y obtener la paz en aquellos lugares donde aún hay conflictos de algún tipo. Empoderar a las mujeres es empoderar a toda la comunidad, y luchar por la igualdad entre hombres y mujeres no es solo un derecho humano fundamental, sino la base necesaria para conseguir un mundo pacífico, próspero y sostenible.

A pesar de ser un tema poco conocido, en África hubo mujeres que empezaron a luchar por la libertad incluso antes de la colonización, que supuso un claro retroceso en este campo.

En Europa se suele pensar que en África no existe el feminismo. Existe, aunque en bastantes ocasiones no se conozca con ese nombre. Yo misma puedo decir que mis referentes feministas son mi madre y mi abuela. Ellas, como millones de mujeres africanas que luchan a diario para cambiar su propia historia, me dieron siempre ejemplo de lucha para transformar tradiciones que nos hacen daño.

Una de las referentes del feminismo africano, la escritora nigeriana Chimamanda Ngozi Adichie, advierte sobre el peligro de aceptar lo que ella llama «la historia única» sobre las percepciones africanas. Lo explica con el ejemplo de una experiencia que ella misma vivió cuando acababa de llegar a Estados Unidos para estudiar, a los 19 años: «Mi compañera de cuarto, estadounidense, se sorprendió de que yo hablara inglés y me preguntó que dónde lo había aprendido a hablar tan bien. Se sorprendió cuando le dije que Nigeria tenía el inglés como idioma oficial. Ella me preguntó entonces si podía escuchar lo que llamó "mi música tribal", y se sintió muy decepcionada cuando le puse mi casete de Mariah Carey. Pero lo que más me llamó la atención fue que ella había sentido lástima de mí incluso antes de verme... Ella tenía una sola historia de África: una de catástrofes, y en esa única historia no había posibilidad de que los africanos fueran similares a ella de ninguna manera».

Concluye Chimamanda Ngozi: «Por supuesto. África es un continente lleno de catástrofes. Las hay inmensas, como las horribles violaciones en el Congo, y las hay deprimentes, como el hecho de que cinco mil personas se presentan para cubrir una vacante laboral en Nigeria. Pero hay otras historias que no son de catástrofes, y es muy importante, igual de importante, hablar de ellas... La consecuencia de presentar una historia única es que le roba la dignidad a las personas y hace difícil el reconocimiento de nuestra humanidad igualitaria».

«¿Y si mi compañera de cuarto hubiera sabido la historia de la abogada que recientemente acudió a los tribunales en Nigeria para impugnar una ley ridícula que requería que las mujeres obtuvieran el consentimiento de su marido antes de renovar sus pasaportes?

¿Y si mi compañera de cuarto supiera de mi maravillosamente ambiciosa trenzadora de pelo, que acaba de comenzar su propio negocio vendiendo extensiones de cabello? ¿O sobre los millones de otros nigerianos que inician negocios y a veces fracasan, pero siguen amamantando la ambición? Las historias pueden romper la dignidad de un pueblo, pero pueden también reparar esa dignidad rota... Cuando nos damos cuenta de que nunca hay una historia única sobre ningún lugar, recuperamos una especie de paraíso».

Capítulo 14

PIEDRAS PRECIOSAS

*«El sistema mágico-religioso, que reposa
fundamentalmente sobre la incertidumbre, permite
encontrar sistemáticamente una explicación
a posteriori en la que a menudo los más
vulnerables, sobre todo los niños, son etiquetados
como culpables de todas las desgracias».*
JEROME BALLET Y CLAUDINE LUMBI

La primera vez que visité Congo estando ya en España fue en el año 2002. El viaje me resultó muy emocionante y me alegré muchísimo de volver a ver a mis padres y a mis hermanos. Sin embargo, contra todo pronóstico, mi estancia allí –marcada por sentimientos contradictorios– no fue precisamente muy feliz. Como ya he explicado, sufrí una sucesión de frustraciones y desilusiones que me sorprendieron y me causaron un estrés que nunca había previsto, lo que me sumió en una gran tristeza. En viajes sucesivos, he podido pasar allí temporadas con más tranquilidad, una vez que hube asumido que mis amigos y familiares tenían expectativas sobre mí que estaban muy lejos de la realidad. Gracias a tener una visión más serena de las cosas, pude dedicarme a observar y a actuar en consecuencia. No era la primera vez que veía niños, sobre todo niñas, que viven en las calles de Kinshasa. Te los encuentras por todas partes. Algunas organizaciones han intentado realizar estadísticas para conocer su número exacto o, al menos, aproximado, y han llegado a la conclusión de que pueden ser unos 20.000. En una ciudad con algo más de 11 millones de habitantes –de nuevo, nadie conoce el número exacto de los habitantes que tiene Kinshasa–, el número de estos menores puede parecer una ínfima minoría, pero se me partía el alma cada vez que los veía dormir en el mercado o calentarse junto a una hoguera poco antes del amanecer.

Algunos de ellos son huérfanos, otros son víctimas de situaciones de pobreza extrema, y muchos han engrosado las filas de estos grupos que viven en la calle como consecuencia de la guerra. Mi país no es el único en el que se reproduce este fenómeno, pero hay un detalle que le añade un plus de crueldad: muchos de los niños, y sobre todo de las niñas, de la calle en las ciudades de República Democrática de Congo se encuentran en esta triste situación debido a la creencia en la brujería, un fenómeno que se ha convertido en una verdadera lacra social. Aunque la certidumbre acerca de los supuestos poderes maléficos de personas acusadas de causar el mal ha estado siempre presente en un sinfín de sociedades tradicionales africanas, el fenómeno de las «niñas brujas» es particularmente doloroso en mi país, y se exacerbó desde el comienzo de la primera guerra que estalló en 1996. Cientos de miles de desplazados llegaron a ciudades como Bukavu y Goma, en el este, y también a la capital, Kinshasa, procedentes de las aldeas del interior, desde donde escapaban millares de personas huyendo de la guerra. Cada familia se buscó un rincón donde pudo, sobre todo en los extensos y numerosos barrios de chabolas, muchos de los cuales surgieron como hongos en poco tiempo. Allí la gente ha tenido que buscarse la vida para sobrevivir a duras penas, casi siempre gracias al pequeño comercio informal. La promiscuidad, el paro y la miseria reinan en estos suburbios, construidos en lugares insalubres que a menudo se quedan inundados al ser anegados por las aguas del río durante los períodos de las lluvias torrenciales.

Los valores ancestrales de mis compatriotas, que siempre han dado una gran importancia a la solidaridad de la familia y el amor a los niños, se disolvieron en el mar de la violencia, la pobreza y la desesperación ante esta nueva situación. Ocurre a menudo que el hombre llega a la ciudad con varias mujeres, y cada una de ellas compite para que sean sus hijos, y no los de su rival, los que vayan a la escuela o tengan mejores ropas o alimentos. El padre, que muy a menudo es incapaz de proveer a su familia de los recursos más básicos, y con frecuencia cae en la depresión y el alcoholismo, pierde su autoridad paterna y no constituye ningún modelo para su prole.

Esta situación en la que proliferan las familias desestructuradas es un excelente caldo de cultivo para la expansión de numerosas sectas pentecostales —muchas de ellas financiadas desde Estados Unidos y dirigidas por supuestos pastores o profetas—, síntomas preocupantes de una profunda quiebra social. Cada día surgen en las extensas barriadas populares de Kinshasa y de otras ciudades congoleñas nuevas Iglesias en cualquier chamizo o local, desde donde suenan himnos repetitivos a volúmenes que hieren los oídos, como si los líderes de estos nuevos movimientos religiosos pensaran que Dios es sordo. Algunos estudios los han calificado como «capitalismo milenarista» o «religiones de mercado». Estos falsos profetas se aprovechan fácilmente de las situaciones límite en las que viven una buena parte de los habitantes de estos suburbios. Sucede entonces, por ejemplo, que una mujer aquejada de alguna enfermedad o de cualquier desgracia acude a uno de estos grupos y cuenta sus cuitas al profeta, el cual, para afianzar su autoridad moral, no duda en persuadirla de que el origen de sus infortunios está en una de las hijas de la otra esposa de su marido, que ha traído la maldición sobre toda la familia. Llevan entonces a la niña –es raro que acusen a un niño de brujería, aunque también hay casos– al local de la secta, donde es sometida a sesiones de «exorcismos» que, en realidad, son una verdadera tortura de ayunos que duran varios días y de palizas hasta que la criatura termina por «confesar» su supuesta condición de hechicera y que ha causado una muerte o una enfermedad en el seno de su familia. He conocido casos de niñas que no han podido soportar después de varios días forzadas a beber agua con aceite hasta que la presión les ha resultado insoportable.

La consecuencia de este proceso de vejaciones suele ser, casi siempre, la expulsión de la familia de la niña «poseída», la cual irá a engrosar las filas de los niños de la calle. Otras veces, ellas mismas terminan por escaparse de casa, donde no soportan el ambiente hostil en el que tienen que vivir, siendo chivos expiatorios y objeto de acusaciones por todos los males que se abaten sobre la casa. Sin más cobijo que los porches de los edificios, almacenes viejos o los tenderetes de un mercado, en unas condiciones de insalubridad que las convierten en víctimas de numerosas enfermedades, y comiendo poco y mal, a menudo terminan siendo víctimas de abusos sexuales. Aunque la ley en República Democrática de Congo es, en teoría, muy dura para los pederastas, en la práctica, la Policía y los jueces suelen ser fáciles de corromper, por lo que todo el que tiene dinero o influencias termina saliendo de la cárcel o siendo absuelto por los tribunales, sobre todo si su víctima es alguien vulnerable y sin poder.

Las calles de Kinshasa tienen su propio lenguaje. A los niños de la calle se los conoce como los *shegués*, un término que ha pasado a ser una palabra lingala. Algunos dicen que el origen estaría en una abreviatura del nombre del Che Guevara, el famoso revolucionario cubano. Otros dicen que este nombre viene del hausa —una lengua hablada por muchos de los comerciantes musulmanes que han venido de África occidental—, donde significa 'bastardo'. Yo me rebelo contra esos nombres, que añaden un insulto a la desgracia.

Algunos de estos niños de la calle tienen la mala fortuna de pasar muchos años en este ambiente. Cuando llegan a la adolescencia, entran en las bandas de los *kulunas*, pandillas violentas que imponen su ley en algunos barrios de la capital. El fenómeno ha sido incluso tema de canciones muy populares, como la famosa *Shegue chance eloko pamba,* de Papa Wemba, muy popular en los años 90, que rinde homenaje a su energía y sus esperanzas. El conocido como Rey de la rumba congoleña, ya fallecido, cantaba que la fortuna sonreirá un día a estos niños a los que todos desprecian. Una de estas niñas *shegués*, Rachel Mwanza, que dio con sus huesos en la calle a los 11 años después de que su abuela la acusara de ser bruja y la echara de casa a pedradas, fue contratada cuatro años después por una productora de cine belga para la película *Kinshasa Kids*. Después de esta primera experiencia, fue seleccionada en un *casting* en el que participaron miles de candidatas para interpretar el papel de la protagonista de la película *Rebelle*, en 2021, que presentaba el drama de los niños soldado en Congo. La actriz novel recibió el Oso de Plata en el Festival de Cine de Berlín de ese año y participó también en la ceremonia de entrega de los Oscar de Hollywood.

En uno de mis viajes, me di cuenta de que algunas de estas niñas venían a mi casa por las mañanas a desayunar. Mi madre había conocido a algunas de ellas en la calle y decidió acogerlas y darles al menos una taza de té y unos buñuelos para calmar el hambre, además de un espacio para que se asearan y tuvieran un aspecto más digno. Empecé a echar una mano a mi madre y, pasado algún tiempo, unos amigos de España me ayudaron con algo de dinero. Así nació la ONG Libanga Ya Talo, un nombre que en lingala quiere decir 'piedras preciosas'. No encontré mejor símil para referirme a estas niñas, a las que la mayor parte de la gente mira con desprecio, como la escoria de la sociedad. En Congo y en España realicé las gestiones necesarias para registrar esta asociación sin ánimo de lucro, con el objetivo de trabajar en un marco legal y poder recaudar y enviar fondos.

Me sorprendió el laberinto de burocracia en el que me encontré para poder registrar la ONG en mi propio país. Libanga Ya Talo es una iniciativa modesta, y de momento solo podemos atender a 42 niñas. Lo primero que hicimos fue comprar una carpa grande que instalamos en un terreno que pertenece a mis padres. Las seis personas que trabajan en la Asociación en Kinshasa han convertido este improvisado local en un centro de día al que acuden estas niñas, a las que intentamos, con mucha paciencia, reconstruir y reintegrar en la sociedad. Hemos formado a algunas de ellas para que sean peluqueras y puedan ganarse la vida. A otras las hemos ayudado para que puedan abrir una pequeña tienda –en Congo se llaman *digablo*– y ser económicamente independientes. En algunos casos, con mucha paciencia, hemos hablado con las familias y han podido regresar a vivir con ellas.

Hemos intentado apoyar a algunas de estas niñas que se quedan embarazadas. Huelga decir que el hombre que las ha dejado en ese estado se marcha y la chica no le vuelve a ver más. A las que se encuentran en esta situación las acogemos, las escuchamos, les proporcionamos asistencia médica y las acompañamos para que no aborten. Un amigo congoleño que vive en España y tiene una clínica en Kinshasa nos proporciona una ayuda inestimable con asistencia médica gratuita.

El 8 de marzo, Día Internacional de la Mujer, es una fecha muy señalada en República Democrática de Congo, y todas las mujeres, por pobres que sean, hacen grandes sacrificios para salir ese día bien vestidas y celebrar la ocasión por todo lo alto. Cuando se acerca esa fecha, en Libanga Ya Talo compramos bastantes metros de tela de muchos colores con leyendas sobre la celebración de ese día y confeccionamos vestidos para que las niñas de nuestra asociación puedan celebrar su día sintiéndose orgullosas de mostrarse elegantes y alegres, disfrutando, aunque solo sea una vez al año, de la dignidad que les ha sido negada.

Sé que es una pequeña gota en un océano de sufrimiento y miseria, pero poder hacer algo para ayudar a los seres más vulnerables y que más sufren es una manera de seguir ligada a Congo y de devolver a mi país algo de lo que él me dio a mí.

Capítulo 15

La violencia sí tiene género

«La mutilación genital femenina es la más atroz de las manifestaciones de discriminación que sufre la mujer en todo el mundo, en la ley y en su vida diaria».
KOFI ANNAN

Patricia es nigeriana. Llegó a España después de seis años de travesía por África. No recuerda cuántos hombres la violaron durante el camino. Al llegar aquí estaba embarazada y cuando la ayudamos a acudir a su primera consulta prenatal, descubrieron que estaba infectada, en un estado muy avanzado, de VIH. Hicimos todo lo que pudimos para apoyarla emocionalmente, pero se derrumbó cuando le comunicaron el diagnóstico. Nos dijo que tenía una hermana gemela que había viajado con ella, pero que no pudo montarse en la patera y se quedó en Marruecos. Le escribió una carta, que nos dio cerrada con la leyenda «Para entregar en caso de mi muerte». Acababa de dar a luz a una preciosa niña y, ante la perspectiva de no poder sobrevivir para cuidar del bebé, todo su interés era que su hermana pudiera venir para hacerse cargo de la pequeña.

Pero el sueño de Patricia no pudo realizarse. Su hermana gemela murió al volcar la patera en la que viajaba. Cuando algunos de sus amigos le dieron la fatídica noticia, no pudo soportar el golpe. Falleció pocas semanas después. Y detrás de ella se fue su bebé.

Es un caso entre los muchos que he conocido a lo largo de mi vida, sobre todo trabajando en Karibu. Ilustra un hecho muy testarudo: las mujeres africanas sufrimos violencia, y mucha, a lo largo de nuestra existencia. Se trata de un padecimiento que empieza en nuestros países de origen, donde hay muchos tipos de violencia muy arraigados en la cultura tradicional. Tenemos más riesgos que los hombres de ser discriminadas, explotadas y violentadas, tanto en nuestros países como durante el trayecto migratorio o al llegar a los lugares de destino. Creo que sé muy bien de lo que hablo. Yo misma he sido víctima de la violencia contra las mujeres. Esa y no otra fue la razón por la que salí de mi país y me vine a España.

Los malos tratos contra nosotras comienzan en nuestros países. Existen documentos, como la Convención sobre la Eliminación de Todas las Formas de Discriminación contra la Mujer, proclamado por la Unión Africana, que a finales de 2023 ya había sido ratificado por algo más de la mitad de los Estados del continente. Paralelamente a esta legislación internacional, la misma Unión Africana declaró el período 2010-2020 como el Decenio de la Mujer Africana. Pero muy a menudo, la fuerza de la costumbre o de la tradición prevalecen, y la mujer africana sigue siendo marginada y agredida, aunque existan leyes que dicen lo contrario.

Empecemos, por ejemplo, por la práctica de la mutilación genital femenina (MGF), que supone un caso flagrante de violencia contra las mujeres. Según la Organización Mundial de la Salud, la MGF es el conjunto de prácticas que suponen la extirpación total o parcial de los genitales externos femeninos por motivos culturales. Es una violación de los derechos humanos basada en el género que pretende controlar la sexualidad de la mujer y mermar su autonomía. La lucha contra este abuso no es fácil por la complejidad de sus causas, en las que se mezclan factores culturales, religiosos y sociales que se asientan en creencias muy arraigadas sobre el comportamiento sexual «adecuado» y sobre los procedimientos relacionados con la virginidad prematrimonial y la fidelidad matrimonial. Durante las últimas décadas, en bastantes países de África han aprobado leyes que la prohíben[6], pero se sigue practicando. Como agentes de cambio, es un tarea de todas y todos acabar con la MGF. Elaborar protocolos como los que existen en España es fundamental, porque se trata de una herramienta imprescindible para avanzar. El bienestar y la protección de las personas debe estar por encima de todo, por lo que sería importante implicar a las y los expertos africanos y, sobre todo, a las supervivientes y sus comunidades para la formulación de esos protocolos. No se los puede seguir teniendo como eternos alumnos, porque tiene capacidades y talento para participar y proponer ideas que pueden aportar un plus en su comunidad. Se debe trabajar también en el acompañamiento a las mujeres no mutiladas en las comunidades donde mayoritariamente se practica esta violencia, ya que negarse a esta práctica se puede interpretar como un boicot, una negación o un desprecio de su cultura. No se trata de modernizar

---

[6] El Parlamento de Gambia aprobó el 18 de marzo de 2024 un proyecto de ley para despenalizar la mutilación genital femenina en el país argumentando que la norma, vigente desde 2015, viola los derechos de los ciudadanos a practicar su cultura y religión.

el tema de la MGF: hay que acabar ya con esta práctica dañina. Incluso en la actualidad se dan casos de personas que pagan a personal sanitario para que practique la ablación con buenas condiciones higiénicas o, incluso, con anestesia. Esto, que en determinados ámbitos se conoce como «medicalización de la MGF», sigue siendo una forma de violencia brutal. Estos médicos o enfermeros suelen cobrar un precio muy elevado con el pretexto de ofrecer «mejor calidad» o por brindar «seguridad» a las pacientes. Pueden incluso dar la impresión de legitimar esta práctica, algo que es falso y no garantiza la reducción del daño: al ser realizado por personal con conocimientos médicos, puede llegar a ser hecha incluso de forma más agresiva anatómicamente.

Por paradójico que pueda parecer, el gran valor que se da a la mujer en África como madre puede volverse contra ella. En los países africanos, si una mujer carece de la capacidad reproductiva o la pierde, es vista con sospecha o lástima y pierde su valor social. No poder traer un hijo al mundo siempre es un drama. Una mujer que no puede procrear, independientemente del hecho de que la «culpa» sea del marido, tiene muchas posibilidades de ser rechazada en su entorno. Esto explica que haya un gran porcentaje de suicidios entre mujeres consideradas estériles.

A esto se añade que, a menudo, muchas africanas no tienen ningún poder de decisión sobre sus cuerpos ni sobre su fecundidad. El marido y, por añadidura, su familia son quienes deciden si puede o no tomar anticonceptivos. Sin control alguno de su sexualidad ni de su fecundidad, su acceso a la educación, al trabajo y su autonomía personal se ven seriamente comprometidos. Ser madre, con todo lo maravilloso que es, tiene que ser el fruto de una elección, no de una imposición.

Otra práctica tradicional que ha terminado por volverse contra la mujer en África es el pago de la dote. Es una costumbre que hasta hace algunas décadas tenía un valor simbólico e incluso daba una cierta estabilidad al matrimonio. Con el paso del tiempo, sin embargo, ha ido tomando un cariz puramente comercial. Cuando el hombre tiene que pagar cantidades astronómicas para casarse con una mujer, la joven es mercantilizada y siente que se ha convertido en una propiedad. Al mismo tiempo, su marido asimila que ha comprado una mujer que, por lo tanto, es suya, y que tiene derecho a hacer con ella lo que le venga en gana.

En África la mujer sufre también violencia con otra práctica por desgracia aún muy extendida: el matrimonio forzoso. Hay países en los que una niña de nueve o diez años es prometida con un hombre que puede multiplicar por cinco o por seis su edad. Otras situaciones tienen que ver con el uso de la sexualidad para salir de la pobreza. Los matrimonios precoces y forzosos suelen ser fruto de una combinación de pobreza, desigualdad de género y falta de protección de los derechos de las niñas. Cuando una adolescente es víctima de esta costumbre y se queda embarazada, se encuentra con un riesgo grave para su salud y la de su bebé. Otras adolescentes practican el sexo transaccional como forma de buscar dinero para alimentar a sus familias o para sobrevivir ellas mismas. Se buscan la vida como pueden, sin control alguno, a causa de la pobreza de las familias. Es otra forma de machismo que las deja en una situación de vulnerabilidad, truncando su acceso a la educación y al trabajo. En estos casos, el hombre generalmente niega su responsabilidad y la familia de la chica termina por culpar exclusivamente a la que, en realidad, es una víctima.

No tengo ninguna duda de que hace falta romper con decisión con culturas que son dañinas, arcaicas y negativas para la mujer por considerarla inferior y como un mero objeto.

Pero la peor violencia que sufrimos en nuestros lugares de origen es la violación en los conflictos bélicos, en los que incluso su cuerpo se utiliza como arma de guerra. Además de destruir moral y socialmente a la mujer, se persigue humillar y aterrorizar al adversario y a su comunidad. Las mujeres que sufren este tipo de violencia se encuentran sin ninguna justicia que las defienda y sin derecho a reparar el daño que han sufrido. A esto se añade el ocultamiento de la verdad, porque la víctima de una agresión sexual ligada a un conflicto queda estigmatizada con un sentimiento de vergüenza que la impide reivindicar su causa, poder relatar su historia y pedir justicia. Estos tipos de violencia constituyen uno de los factores que hacen que mujeres africanas abandonen sus países en busca de un lugar donde, simplemente, puedan vivir sin temor a ser agredidas.

Muchas mujeres que salen de sus países por vía terrestre sufren también violencia de forma continuada durante el tránsito. Utilizan rutas largas y peligrosas que atraviesan varios países y que se pueden prolongar varios años. Durante el viaje no hay ley y todo está regido por la voluntad de los bandidos que controlan las rutas migratorias. Para ellos, las migrantes se convierten en una mercancía de usar y tirar. Las mujeres necesitan acompañantes en el camino y van cambiando de hombres «protectores» para no quedarse solas. Son violadas y, a menudo, cuando se quedan embarazadas, han sufrido tantos abusos que no están seguras de quién es el padre de la criatura. Nadie se compadecerá de ellas si están encinta. Incluso, si llegan a la patera y la ven con el vientre abultado, le hacen pagar el doble. Las mujeres viven estas situaciones de violencia en la más absoluta soledad, sin testigos y sin nadie con quien compartir tanto dolor. Cuando llegan, arrastran problemas graves de salud sexual y reproductiva, y necesitan tiempo para poder sanar sus heridas, tanto físicas como emocionales. Pero en España estas terapias no están contempladas en la sanidad pública para mujeres sin papeles.

Creo que es necesario que la España multicultural contemple la posibilidad de incorporar a mediadoras interculturales y a facilitadoras sociales comunitarias, sobre todo en el ámbito sanitario, para un acompañamiento integral que vele por la salud sexual y reproductiva de las supervivientes o de las mujeres que han sufrido cualquier tipo de violencia de género. En Karibu hemos formado y seguimos formando a mediadoras interculturales y facilitadoras sociales comunitarias para que sean voz de su propia comunidad y puedan hacer un acompañamiento integral a las recién llegadas desde el conocimiento y la profesionalidad. Con las facilitadoras comunitarias de Karibu hemos elaborado una serie de herramientas para que las instituciones públicas tengan algunas orientaciones sobre cómo se puede trabajar la violencia de género con las mujeres africanas sin estereotipos ni prejuicios, y teniendo claros los códigos culturales con el objetivo de dar una respuesta a esas violencias. Hemos elaborado también una baraja de «120 palabras para el olvido», en las que se habla de las violencias que sufren las mujeres en sus países de origen, en el proceso migratorio y en el país receptor.

Pero la tan anhelada llegada al país de acogida no supone, desgraciadamente, el fin de la violencia para una mujer migrante. Las limitaciones que impone la ley de extranjería en España dificultan durante años la integración de los migrantes y los exponen a temores como la expulsión. En Karibu hemos conocido multitud de casos de mujeres que llegan a permanecer en situación administrativa irregular hasta diez años.

A las dificultades legales y jurídicas que te dejan en la incertidumbre, se unen otras situaciones como la explotación laboral que sufren numerosas africanas. Muchas han emprendido el viaje con expectativas de trabajo, pero al llegar se encuentran con que han sido engañadas. Esto les hace caer en situaciones de vulnerabilidad al no tener medios para subsistir. Buena parte de las que consiguen trabajo denuncian situaciones laborales precarias y abusivas, como un sueldo insuficiente, un horario de trabajo excesivo, ausencia de períodos vacacionales y, en general, actitudes discriminatorias por el hecho de ser extranjeras. La enorme dificultad de homologar en España títulos otorgados en sus países de origen supone una dificultad añadida para conseguir trabajo en puestos acordes con su formación. Por eso es frecuente que acepten trabajos como internas porque no tienen otra alternativa. Si no tienen papeles, incluso si han venido sin pasaporte, tienen miedo de andar por la calle. Y si trabajan como internas se sienten más protegidas. Pero esta situación a menudo se convierte en un largo camino plagado de trampas. «Voy a hacerte una prueba de 15 días», les dice a menudo la señora que las va a emplear. Al final, las dos semanas se convierten en tres meses, o incluso seis, y el contrato que le prometieron nunca llega, y mucho menos el alta en la seguridad social. Sin ningún horario, la llaman para trabajar en cualquier momento, incluso de noche, convirtiendo la situación en una verdadera forma de esclavitud. Y no puede quejarse, porque terminará por oír: «Si hablas, llamo a la Policía». Otras mujeres africanas encuentran trabajo en tareas agrícolas, en el campo o en invernaderos, viviendo en barracones sin agua ni calefacción, con pagos en negro y, por supuesto, sin ningún tipo de cotización a la seguridad social.

En Karibu siempre hemos trabajado el tema de la violencia de género. Lo primero que hacemos es ofrecer un espacio seguro donde la mujer se sienta escuchada y apoyada. Yo misma, que sufrí la violencia antes de salir de mi país, sé muy bien lo importante que es tener un lugar donde te acojan, te escuchen, te entiendan y encuentres un camino de sanación que puedas recorrer con confianza.

En 2023, en la Asociación concluimos un estudio sobre mujeres que han pasado por nuestro centro durante los últimos diez años. Son algo más de 9.000. Nos dimos cuenta de que la mayoría de ellas han sufrido a causa de las dificultades que tienen al procesar el duelo migratorio, al que me he referido antes cuando hablaba de algunos de los contenidos que aprendí durante el curso para líderes que realicé en Estados Unidos. Llamado también «síndrome de Ulises», se da en migrantes que viven situaciones adversas. Tiene su desencadenante en una serie de duelos derivados de la pérdida de algo muy importante para la persona: contacto con los familiares y amigos, la lengua materna, la lejanía de la cultura de origen, los paisajes de la tierra, el contacto con el grupo étnico o nacional propio, o la seguridad física. Cuando una africana migrante ha pasado por situaciones de violencia que han dejado huellas físicas y emocionales profundas, y se encuentra en España intentando procesar todo ese dolor mientras vive el desarraigo de su cultura de origen, pasa por un trastorno emocional que produce un estrés crónico.

Las heridas y el sufrimiento causados por una larga cadena de violencias no son siempre visibles. Una de las llagas más profundas es la soledad. La experiencia de la migración y el proceso de inclusión en la sociedad de acogida, además de largo y difícil, supone un proceso de adaptación al nuevo entorno que conlleva, en ocasiones, una gran desilusión en las expectativas, así como un alejamiento de las personas que durante muchos años fueron indispensables en tu vida y quedaron en el país de origen como un vago recuerdo que se difumina.

En Karibu seguimos alzando nuestra voz ante la injusta situación en la que se encuentran las personas africanas que buscan una vida mejor en España. Para ello, además de la formación de migrantes, participamos en conferencias y organizamos presentaciones públicas para dar a conocer sus problemas y exigir soluciones acordes con la dignidad humana.

Capítulo 16

CUESTIÓN DE FE

«Tengo que ir hasta los límites de mi mente y cruzarlos. Cruzar los límites da mucho miedo cuando sientes que eres muy frágil».

JON FOSSE

—¡Mateo siete, siete!

La primera vez que oí esta frase no fue en una iglesia durante la homilía de un sacerdote, sino en una calle de no recuerdo bien qué ciudad de Congo, una de las muchas donde viví de niña por haber sido destinado allí mi padre como autoridad local. La pronunciaba, insistentemente, un hombre que pedía limosna en la calle, y en días sucesivos, cuando volvía a pasar por el mismo lugar, escuchaba la misma cantinela de aquel mendigo que no se cansaba de repetir la cita bíblica. La he vuelto a escuchar muchas otras veces en las calles de Kinshasa, siempre de boca de alguno de los muchos pobres que se encuentran en cualquier esquina intentando atraer la atención del viandante para recibir algunas monedas. La cita en cuestión se corresponde con una de las frases más conocidas de Jesús de Nazaret: «Pedid y se os dará, buscad y encontraréis, llamad y se os abrirá». Cuando un congoleño sumido en la indigencia apela a la generosidad de su prójimo no dice «una ayuda, por favor», o «dame dinero». Recurre a la cita evangélica esperando que a su potencial donante se le ablande el corazón y no pase de largo sin haberle dado algo con lo que poder comer ese día.

Los congoleños somos un pueblo muy religioso. Nadie cree que lo que acontece en su vida, para bien o para mal, sea fruto de la casualidad, del azar, ni mucho menos de la suerte, sino que todo forma parte del plan que Dios tiene para cada uno de nosotros. Cuando miro hacia atrás y reflexiono sobre los acontecimientos de mi vida, estoy convencida de que no son una sucesión de azares desconectados entre sí, sino que hay alguien que ha ido dirigiendo misteriosa y sabiamente el curso de mi existencia, dándole un sentido. Solo hay que pararse para reflexionar y ver cómo todos los eventos, alegres o tristes, encajan como las piezas de un gran puzle. En Congo nadie dirá que no cree en Dios, y si alguien es ateo se lo callará. Cada congoleño tiene su fe religiosa: cristiana –ya sea católica, protestante o kimbanguista–, musulmana o animista, e intenta vivir, con sus más y sus menos, de acuerdo con ella.

Nací en el seno de una familia creyente, católica. Mi madre siempre fue muy religiosa y recuerdo que desde niña me decía que la fe mueve montañas. Mi padre hoy también tiene fe en Dios. Cuando era niña recuerdo que *baba* Jerome iba a la iglesia en las grandes ocasiones, como Navidad o Pascua, pero su práctica religiosa no iba mucho más allá de esos momentos. Después de mi marcha de Congo, en 1998, empezó a ir a rezar con más frecuencia, hasta el día de hoy. No sabría muy bien explicar el porqué de este cambio.

Me bautizaron cuando era un bebé en la iglesia de Inongo, el lugar donde nací, y desde muy pequeña, por influencia de mi madre, siempre participé en actividades parroquiales como el Movimiento de las Anuarites, al que ya me referí al principio de este relato.

Cuando hice mi primera comunión en Bulungu, a los nueve años, me apunté con entusiasmo a un grupo de niñas que bailábamos en las celebraciones religiosas, las *joyeuses*, y desde mi confirmación, que recibí en la ciudad de Kikwit cuando tenía 13 años, siempre participé con entusiasmo en las corales de las parroquias que he frecuentado. Dispuestas en filas bien ordenadas, ataviadas todas con el mismo colorido uniforme, con flores en las manos, entrábamos danzando y cantando en la iglesia mientras la comunidad acompañaba la melodía del canto de entrada dando palmas y cimbreándose, integrándose en un himno que te traslada a otro mundo trascendente.

Al ser hija de una autoridad importante, siempre fui a la iglesia acompañada. Me imaginaba a Dios como un espíritu, como un viento que sopla en distintas direcciones, una imagen que mantengo todavía. Siempre he estado convencida de que, cuando le hablo, Él me escucha y me ayuda a encontrar la solución a mis problemas, aunque en muchas ocasiones sea guiándome por intrincados recovecos que pueden ser difíciles de entender. También son incomprensibles a veces los tiempos que Dios maneja, que raramente se corresponden con las prisas que podemos tener los humanos.

En la iglesia me siento envuelta en el placer íntimo de encontrarme en los brazos de un Dios que me ha dado muchas alegrías en medio de una existencia que comenzó con juegos, risas y baños en el río, pero que fue tomando giros a veces extraños, incluso cada vez más dolorosos. El canto me eleva a esas alturas que pertenecen a otro mundo, por eso no concibo mi fe sin cantar. Las misas en mi país se celebran en medio de un ambiente de alegría desbordante, y la música me sitúa en un nivel de emoción que solo se puede expresar con las voces armoniosas y sonoras del canto. Himnos como *Kembo Likolo* o el solemne *Gloria* compuesto por el *abbé* Makamba pueden hacerte pasar de un estado de tristeza a uno alegre que va más allá de la simple euforia. Cuando lo entono, desearía con toda mi alma que ese canto no terminara nunca. Cada fiel en un templo en Congo es un artista dispuesto a desplegar todo su talento musical. Si me encuentro en un momento difícil de mi vida, canto, aunque en ese momento me encuentre sola. Muchas veces en Karibu escucho a una mujer que me cuenta sus problemas y terminamos cantando juntas. Cantar es rezar dos veces, repetimos en muchos lugares de África citando esta conocida frase que se atribuye a san Agustín. Tendríamos que repetir la cuestión que en una ocasión lanzó Juan Pablo II a modo de desafío no exento de humor: «¿Cuántas veces reza el que baila?».

En una ocasión, un amigo español que estuvo trabajando en un proyecto humanitario en una ciudad del este de Congo, me dijo: «Los domingos voy a misa a las seis y media de la mañana. El templo no es suficiente para albergar a toda la gente que acude y se celebra al aire libre, en el extenso patio bajo la sombra de los imponentes árboles. Suelo ir con mi propia silla, porque cuando llego, aunque falten 15 minutos para empezar la misa, ya no encuentro sitio para sentarme».

No hay lugar donde uno se encuentre con más multitudes que en una misa celebrada en mi país, excepto –tal vez– en un partido de fútbol en el que juegue el Mazembe, el equipo más popular, o en un concierto de Tshala Muana, Fally Ipupa, Koffi Olomide, Mbilia Bel o Werrason. Los domingos participaba en la eucaristía celebrada en rito zaireño, que en Congo existe desde mediados de los años 70. El ritual comienza con una solemne invocación a los antepasados, al mismo nivel que los santos, e intercala ceremonias de reconciliación y de intercambio de la paz durante las lecturas de la Palabra de Dios. Es una explosión de júbilo general en el que los creyentes no «bailamos» como tal, sino que utilizamos todo el cuerpo para expresar nuestra adoración en medio de una energía invisible y embriagadora. En África rezamos en iglesias en las que nos sentamos apretujados, en contacto estrecho los unos con los otros, sintiendo el calor humano que te rodea, como si una corriente de humanidad pasara de unos a otros. Es una sensación muy distinta de lo que he sentido después en buena parte de los templos europeos, que he encontrado medio vacíos, en los que cada persona se sienta lo más lejos posible de los demás, como si la compañía cercana de otra persona fuera una molestia. También conozco algunos rincones de Europa donde notas algo diferente en tu fe, como los santuarios de Fátima, Lourdes, Nuestra Señora de los Peligros o la Virgen de Banneux. Recuerdo a un misionero español al que conocí que solía decir que «los europeos nos relacionamos con Dios solo con la cabeza, y en África he aprendido que vosotros habláis con Él utilizando todo el cuerpo».

La creencia en Dios no quiere decir que todo sea más fácil de explicar. Durante los años peores del conflicto nunca dejé de tener fe en Dios, pero sí le he preguntado en muchas ocasiones hasta llegar a enojarme con Él: «¿Por qué permites la desgracia, la injusticia, el hambre, la violencia, la pobreza? ¿Es que siempre vamos a vivir así de mal?».

En España mi fe se ha encontrado con un desafío muy importante. Aquí no sabría decir si he seguido yendo a misa por convicción propia o por no desilusionar a mi madre. Puede que tenga motivaciones egoístas: quiero que Dios resuelva mis problemas, y vaya si me los ha resuelto. Por eso, el segundo día de mi llegada aquí, cuando me encontraba en aquel hotel sin conocer a nadie y con mi dinero a punto de acabarse, mi reacción fue buscar una iglesia, porque estaba convencida de que allí encontraría una salida a mi situación desesperada. Y así sucedió.

En medio de todo el temporal de problemas y de intensa actividad en el que estoy metida todos los días, teniendo que ocuparme de dar respuesta a la multitud de problemas de inmigrantes africanos a los que sirvo, gestionando proyectos, acudiendo a reuniones o dando charlas, siempre encuentro un espacio para rezar. Desde niña aprendí a orar con los salmos, y los que más me gustan son el 91 y el 23. Ambos infunden una confianza sin límites en Dios. El 91 se dirige a Dios como «esperanza mía y fortaleza mía, mi Dios, en Él confiaré y Él te librará de la trampa del cazador, de la peste maligna, te cubrirá con sus plumas y debajo de tus alas estarás seguro». El 23 es uno de los más conocidos y se canta en numerosas versiones en todo el mundo: «El Señor es mi pastor, nada me falta, en verdes pastos me hace descansar. Junto a fuentes tranquilas me conduce, me induce nuevas fuerzas. Me guía por sendas de justicia por amor a su nombre. Aunque camine por valles tenebrosos nada temo porque tú estás conmigo, tu vara y tu cayado me sosiegan». Lo he recitado en muchos momentos de mi vida en los que me sentía profundamente atormentada y en la cuerda floja de la incertidumbre. Aún tengo el vivo recuerdo de evocarlo muchos días durante la pandemia.

Tengo que confesar que me ha costado vivir mi fe cristiana en España. Desde fuera no puedo leer el corazón de las personas, pero creo que aquí la gente no cree tanto en Dios como en África, tal vez porque no se han encontrado en situaciones límites de enorme sufrimiento. En mi caso, estoy convencida de que las dificultades nos empujan a tener más fe. Desde el principio, me llamaron la atención las procesiones, sobre todo las de Semana Santa, porque en Congo no existen. Estoy segura de que hay gente que participa en ellas por convicción, mientras que para otras personas no pasarán de ser una mera expresión cultural y una tradición.

Me da la impresión de que en España las personas mayores tienen una fe con la que, según avanzan en años, piden a Dios que les ayude a morir en paz. La juventud española parece cada vez menos creyente, o por lo menos tengo esa impresión, porque en el barrio donde vivo no veo apenas a jóvenes en misa. O, siendo más exactos, sí los veo, pero casi todos son latinoamericanos, africanos o filipinos. Cuando expreso que estoy convencida de que los inmigrantes no somos meros receptores de ayuda y tenemos mucho que aportar a la sociedad española, no puedo olvidar que los valores espirituales son una parte muy importante de esa riqueza que traemos con nosotros desde nuestros países de origen y que aportamos a la sociedad de acogida.